よもやま歴史風土記

琵琶湖水系三都と諸国の「問故知新」

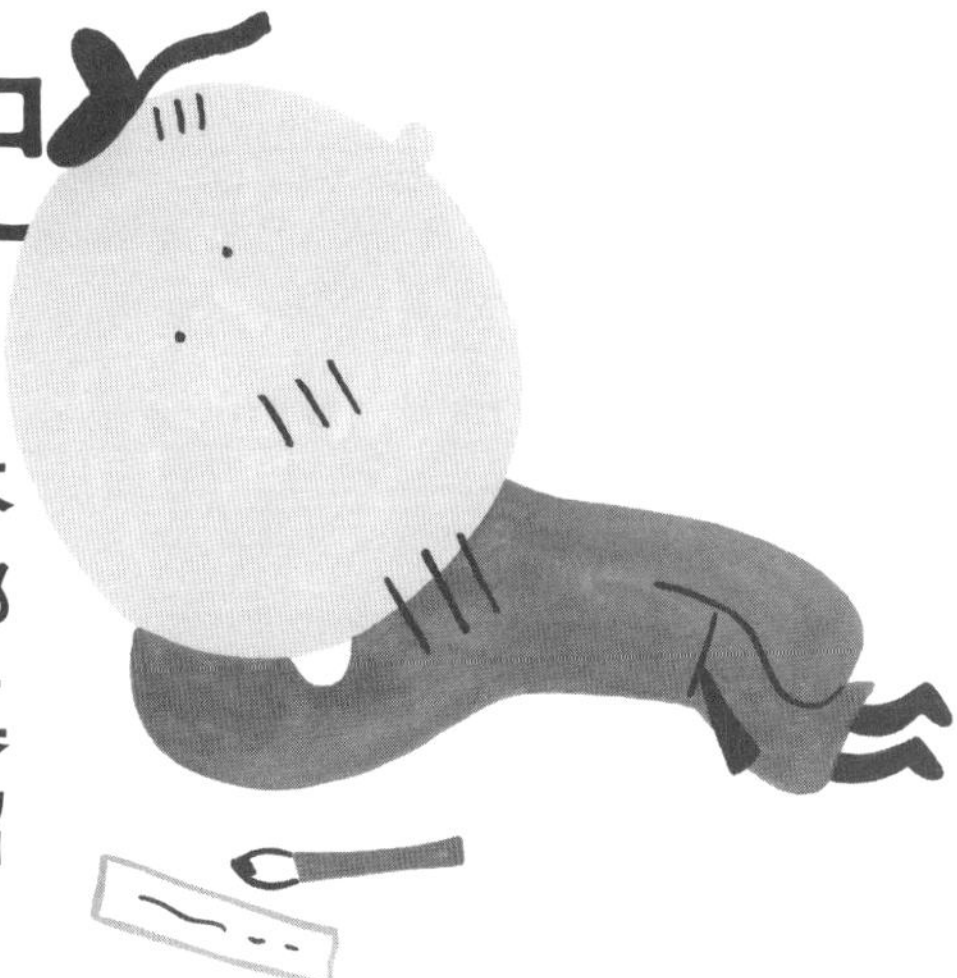

本郷真紹

法藏館

目次

カバー・表紙・大扉イラスト　タオカミカ

よもやま歴史風土記

——琵琶湖水系三都と諸国の「問故知新」

はじめに

日本列島の中央に位置する琵琶湖は、「近畿の水がめ」といわれている。諸方面の河川から琵琶湖に流入した水が、最南端で瀬田川に流れ出、瀬田川が宇治川と名を変えて京都盆地に入り、桂川や木津川と合流して淀川となり、大阪平野を横切って大阪湾に流れ出る。琵琶湖が所在する滋賀県のみならず、河川の流路にあたる京都府南部や大阪府北部の地域で取水した水が、両府民の生活を支えることから、このように言われるのである。

三府県に暮らす人びとにとっては、身近な存在である琵琶湖とその水系は、歴史の上でも大変重要な意味を持った。この三府県に、かつて近江の大津宮、山背《やましろ》（城）の恭仁京《くにきょう》、長岡京と平安京、摂津《せっつ》の難波宮《なにわのみや》といった宮都が営まれた。摂津の難波宮は、七世紀中葉に孝徳天皇が大和を離れてここに朝廷を遷《うつ》したことで知られるが、それ以前に、仁徳天皇が高津宮《たかつのみや》を置いたと伝えられ、奈良時代に平城京の副都として機能した。七世紀後半には、白村江の敗戦後、中大兄皇子（天智天皇）が近江大津宮を設け、ここで即位した。さらに、聖武天皇が一時恭仁京を営んだ山背には、八世紀後半の桓武天皇の時代に、長岡京、平安京と遷都が行われ、「山背」の表記が「山城」と改められたことは、よく知られている。

いうまでもなく、奈良時代以前の日本古代史は、大和の地域を中心とする部分が大きいのであるが、その北部に該当する三つの国も、大和の動向と密接な関係を持ち、時として重要な歴史の舞台となった。そのような流れから、それぞれの国（地域）についても、関心の抱かれる逸話が数多く遺されている。

歴史の概説は、政治史を基軸に展開することから、朝廷や幕府といった政治拠点のある地域に偏った内容を持つことが余儀なくされ、またその材料となる史料も、この地域を中心に叙述して伝えられるため、情報が偏在することになる。しかし、注意してさまざまな史料を繙《ひもと》くと、それぞれの地域で注目すべき、また特徴のある事象が数多く存在することに驚かされる。それを、現地に即して捉え直してみると、これまで看過していた重要な意義に改めて気づくことがあり、中には、「なるほど」と合点のいくことも少なくないのである。

勤務する立命館大学のキャンパスが所在する地域の古代史について、関連の文献を繙き、必要に応じて史料を読み直し、所感を交えてしたためたのが、本書の第Ⅰ章から第Ⅲ章である。その後、さらに筆が走って、畿内の周辺地域の逸話を第Ⅳ章、遠隔地で畿内とも関連する地域の話題を第Ⅴ章で取り上げた。決して、学術的な意義を考慮して、確信の持てる史実を伝えるものでなく、むしろ、伝承に基づくものや、後世に創作、潤色されたと目されるものも含めて、ある事象がどのように現代に伝えられたのかをお分かり頂けるように書き綴った。まさに四方山《よもやま》話であるが、筆者の切なる願いとしては、他愛のない逸話の内容を通じて、改めて古き(故)を問い直し、各時代を生きた人間の本性に、ある部分現代と変わりのない要素が存することを知り、歴史に更なる関心を抱いて頂くことであり、それゆえに、造語ながらあえて本書の副題に「問故知新《もんこちしん》」と謳《うた》った次第である。

I

近江の風土記

序章

近江の往昔《いにしえ》

「近江の都」といえば、天智六年（六六七）に同天皇が築いた近江大津宮が思い浮かぶ。白村江の戦いに敗れ、唐・新羅の侵攻が懸念されるなかで、交通至便の近江の地を選んだというのが、一般的な理解であろう。たしかに近江は、古代の主要街道である七道のうち、東に向かう東海道など三道がこの国から発する要地で、しかも、その中央に位置する琵琶湖は、物資流通の面でも重要な役割を担っていた。日本海沿岸地域から敦賀《つるが》を経て湖北へと至り、琵琶湖の水運を利用して畿内へと運ばれたのである。同時に、朝鮮半島からの渡来人や文物も同じ経路を辿り、渡来人は沿岸地域から畿内へと向かう途上に新たな居住地を定めた。今日でも近江には、さまざまな伝承とともに、その痕跡と見られる地名が多く遺されている。

応神朝に渡来した弓月君《ゆづきのきみ》の子孫とされる秦氏《はだ》は、平安京の西を流れる桂川（保津川）の治水と灌漑《かんがい》を進めたことで知られ、その本拠に太秦《うずまさ》の地名を伝えるが、近江にも同じく秦氏が居住していた。湖東の中央部に位置する秦荘《はたしょう》の地名はまさにその名残で、原野を開拓して田畑を設《しつら》え、機織りや製陶などを営んだ。のみならず、鉱山の開発や金属の精錬・加工にも、秦氏など渡来系氏族の知識や技術が活かされたことは間違いない。奈良時代の権力者・藤原仲麻呂は近江の鉄穴《かんな》を朝廷より賜ったが、天平一四年（七四二）には勢力家が近江の鉄穴を貪っているとして禁断が命じられている。その翌年、大仏造立《ぞうりゅう》事業が近江・紫香楽《しがらき》で開始されたというのも、このような金属資源や渡来人の技術と無関係ではない。まさに近江は最先端の産業地域であり、国として最上級の「大国」という扱いを受けたのである。

立命館大学びわこくさつキャンパス（ＢＫＣ）の展開する草津市野路は、東海道が近くを通り、中世には野路宿という宿場が所在した。そしてまた、ＢＫＣの地は一大製鉄・製陶施設でもあり、木瓜原《ぼけわら》遺跡に因《ちな》んで名づけられた同キャンパスの「クインススタジアム」の地下には、遺跡の一部が保存されている。

小野妹子と犬上御田鍬

日本史の教科書に名を遺す古代の著名な人物、そのなかには、湖国近江の出身者、近江の縁者が多く含まれている。

最初の遣隋使といえば、『隋書』では西暦六〇〇年、『日本書紀』では推古一五年（六〇七）に派遣されたとされるが、後者に記録される遣隋使・小野妹子は、まさにその代表的存在である。小野氏は湖西の地・近江国滋賀郡小野村（現・大津市小野）の発祥とされ、比叡山を隔てた山背《やましろ》国愛宕《おたぎ》郡小野郷（現・京都市左京区上高野）や、同国宇治郡小野郷（現・京都市山科区小野）も本拠としていた。弘仁六年（八一五）に嵯峨天皇の命により編纂された『新撰姓氏録《しんせんしょうじろく》』によれば、孝昭天皇の子・天足彦国押人命《あめたらしひこくにおしひとのみこと》（『古事記』では天押帯日子命《あめおしたらしひこのみこと》）を祖とする氏族で、小野妹子が近江の小野郷に住んだことから、その氏名《うじな》としたという。現在も大津市小野の地に、小野妹子の創祀と伝える式内社・小野神社が所在し、また近隣の唐臼山《からうすやま》古墳は、小野妹子の墓という伝承を持つ。

小野氏は、遣新羅使に任命された者や、大宰府の官人となった者など、外交に携わったと目される人物に加え、文化の面でも際だった存在として知られる人物を輩出している。奈良時代に大宰大弐《だざいのだいに》（大宰府の次官）に任ぜられた小野老《おののおゆ》の詠んだ万葉歌は、平城京に華開いた天平文化の風情を偲《しの》ぶ歌として、今日でもよく口ずさまれている。

青丹《あおに》よし　寧楽《なら》の京師《みやこ》は　咲く花の　薫《にお》ふが如く　今盛りなり

（『万葉集』巻三―三二八）

また、平安初期の官人で遣唐使にも任命された小野篁《たかむら》は、勅撰漢詩集である『経国集《けいこくしゅう》』などに多くの漢詩を残し、その孫にあたる小野道風《とうふう》は、藤原行成《ゆきなり》・藤原佐理《すけまさ》とともに「三蹟」と称され、和様の能書家として知られる。先述の小野神社の境内に、小野篁を祀《まつ》った小野篁神社、またその飛地《とびち》境内に小野道風を祀った小野道風神社があり、ともに南北朝時代の本殿で国の重要文化財に指定されている。

琵琶湖沿岸という水運の技術を必要とする地であり、周囲に多くの渡来人が居住する最先端の文化地域であったことなど、湖国の環境がこの一族の特性を育んだといって過言ではなかろう。

小野妹子が二度目に隋に渡った六年後の推古二二年（六一四）、犬上御田鍬《いぬかみのみたすき》が最後となる遣隋使に任命される。隋から唐に替わった後、最初の遣唐使に任命され、舒明《じょめい》二年（六三〇）に唐へ渡ったのも、この犬上御田鍬である。また、斉明元年（六五五）には、犬上白麻呂という人物が遣高句麗使に任ぜられる。この犬上氏もまた近江ゆかりの氏族で、近江国犬上郡（現・滋賀県犬上郡および彦根市）を本拠とした。現在、同郡豊郷町《とよさと》に犬上神社があり、犬上氏の祖とされる稲依別王《いなよりわけ》（日本武尊《やまとたけるのみこと》の子）を祀っている。一説には、犬上氏は百済からの渡来人に連なるともいわれるが、隣接する愛知《えち》郡には依智秦《えちのはたうじ》氏という渡来系氏族が居住し、湖東の地域を開発した。小野氏と同様に、このような環境が、他国との交渉にあたる任を帯びた官人を産み出したということができよう。

小野妹子、犬上御田鍬という名を知っていても、ともに近江の氏族の出身であるということは、意外と意識されていない。大きく変動する七世紀前半の東アジアで、倭国の命運を背負って中国大陸に赴《おもむ》き、隋・唐という大帝国と渡り合った二人の「英雄」は、紛れもなく当時の最先端地域というべき湖国近江の申し子であり、彼らがもたらしたものは、政治・文化の両面で、日本の国家形成に大きく寄与するところとなるのである。

天智天皇

古代の近江を語るうえで欠かすことのできない人物が、七世紀後半に近江大津宮を造営し、遷都した天智天皇である。

舒明天皇を父、皇極（斉明）天皇を母に持つ中大兄皇子、のちの天智天皇は、母帝の治世に乙巳《いっし》の変と呼ばれるクーデターで、時の権力者・蘇我入鹿を暗殺する。こののち、孝徳天皇と斉明天皇の二代にわたり、実質的に中大兄皇子が政治を主導したように『日本書紀』は伝えている。

この頃、東アジアでは、体制を整えた大帝国・唐が朝鮮半島に食指を伸ばし、高句麗の制圧に乗り出す。やがて、唐と手を結んだ新羅と、高句麗・百済の両国とが対立を深めるようになり、双方ともに支援を期待して倭国に使者を送ってくる。このうち百済は、六六〇年に唐・新羅の侵攻を受け滅亡するが、その遺臣である鬼室福信《きしつふくしん》が倭国に使者をよこし、百済復興のため、倭国にいた百済王子・余豊璋《よほうしょう》の返還と軍事的支援を要請してくる。これに応《こた》えて倭国は総勢五万人近くの軍勢を送るが、六六三年の白村江の戦いで惨敗を喫することになる。

この頃、日本に亡命した百済遺民の一人が、鬼室福信の親族と目される鬼室集斯《きしつしゅうし》で、天智四年（六六五）に小錦下《しょうきんげ》という冠位が与えられて男女四〇〇名の百済遺民とともに近江の神前郡《かんざきぐん》（現・滋賀県彦根市と東近江市の一部）に配され、田地が支給される。さらに、同八年には、同じく亡命していた百済の王族・余自信《よじしん》や七百余名の百済人とともに同国蒲生《がもう》郡（現・近江八幡市、東近江市、竜王町、日野町）に遷《うつ》し置かれることになる。現在蒲生郡日野町に、鬼室集斯ゆかりの鬼室神社があり、「鬼室集斯之墓」という石柱が所在する。

近江国と天智天皇（中大兄皇子）との関わりという点では、その母・斉明天皇が五年（六五九）に近江の平浦《ひらのうら》（現・大津市北部の和邇《わに》浜の辺りか）に行幸《ぎょうこう》し遊覧したという記録があり、あるいはこのときに中大兄皇子も同行した可能性も存在する。白村江の敗戦後、中大兄皇子は唐・新羅の進攻を警戒し、大宰府の北に水城《みずき》という防御施設を設け、対馬・壱岐から九州北部、瀬戸内沿岸にかけて、多くの朝鮮式山城を築造した。さらに中大兄は、天智六年（六六七）、新たに近江に宮を築いて遷都を敢行し、翌年この近江大津宮で即位する。この遷都がいずれの地域へも移動可能な交通の要衝の地を選んで行われたことは疑いないが、多くの半島からの渡来人が配されたことで、その技術力を駆使して高い生産性を誇る地域であったことも、選定の理由として想定されよう。

近江大津宮は、近江南西部・琵琶湖沿岸の地（現・大津市錦織《にしこおり》の近辺）に所在したことが、発掘調査の結果明らかになっている。すぐ西に比叡山があり、都の地としては狭隘《きょうあい》な感が否めないが、どうやら天智天皇はさらに近江の別の地に新たな都を造営することも構想したようで、天智九年二月には、天皇が蒲生郡の匱迮野《ひさの》（必佐郷、現・蒲生町・日野町付近）に行幸して宮の地を検分したという記録が見える。とすると、その前年に鬼室集斯らが蒲生郡に遷し置かれたというのも、新都造営の布石であった可能性も存在する。

さらに一年をさかのぼる天智七年五月五日、天智天皇は蒲生野で薬猟《くすりがり》を行った。端午の節句に行われる薬猟は、男性が鹿を捕獲して薬となる角を採り、女性は薬草を摘んで過ごす大陸伝来の行事で、すでに推古天皇の時代から行われていた。蒲生野の薬猟には、皇太弟の地位にあった大海人皇子をはじめ、多くの皇族や官人が同行したが、このとき、額田《ぬかたの》王《おおきみ》をめぐり天智天皇と争った大海人皇子と額田王との間で交わされたのが、著名な万葉歌である。

あかねさす　紫野行き　標野《しめの》行き　野守《のもり》は見ずや　君が袖振る（額田王）
（『万葉集』巻一―二〇）

紫草《むらさき》の　にほへる妹を　憎くあらば　人妻ゆゑに　我恋ひめやも（大海人皇子）
（『同』巻一―二一）

最澄・良弁・良源

日本国民の九〇パーセント以上が仏教徒で、日本は世界を代表する仏教国の一つとされている。信仰心の問題はさておき、少なくとも儀礼のうえでは、亡くなった身内の方々を弔い、ご先祖を敬うのに、仏事が催される例は少なくない。また、伝統的日本文化を構成する要素の多くが、仏教に関係するものであることも、疑いのない事実である。

異国で成立した宗教である仏教が日本に伝来し、それ以前から信仰の対象となっていた在来の神々（天神地祇《てんじんちぎ》）に対する信仰と融合して、独特の崇拝の形が産み出された。そこには、優れた宗教者の活動が重要な役割を果たすことになった。

今日の日本仏教の原点ともいうべき寺院が、湖国近江に所在する比叡山延暦寺である。比叡山は平安京の鬼門の方角に位置し、現在でも参詣には京都からバスなどの交通手段を利用することが多いが、のちに延暦寺と号することになる山林寺院を最澄が開いた地は近江国に属し、延暦寺は紛れもなく近江の寺院である。その玄関口は東麓・琵琶湖西岸の坂本で、最澄出生の地であり、比叡山の土地神を祀る日吉神社もここに所在する。

天平神護二年（七六六）もしくは同三年に、最澄は近江国滋賀郡のこの地に生まれた。俗名を三津首広野《みつのおびとひろの》といい、応神朝に来日したと伝わる渡来人の子孫であった。一二歳のときに近江国分寺に入り、一五歳で得度する。延暦四年（七八五）、受戒ののち比叡山に入り、一二年間籠山《ろうざん》して修行を積む。このとき山中に設けた草庵が一乗止観院《いちじょうしかんいん》で、延暦寺の前身となる。最澄は同一六年に下山し、桓武天皇の玉体安穏《ぎょくたいあんのん》の任を帯びる十禅師という地位についた。桓武天皇や、その側近的地位にあった和気清麻呂《わけのきよまろ》の子息・広世の庇護を受けた最澄は、高僧として頭角を現し、南都・平城京の官大寺の僧にもその名が知られるようになる。最澄は天皇に懇願して入唐を果たし、天台山に赴いて行満《ぎょうまん》から天台の法門を相伝し、また越州で順暁《じゅんぎょう》から密教を受学した。

最澄の開いた天台宗は、『法華経』を根本経典とする宗派であるが、比叡山では他の経論や、禅・戒律・密教といったさまざまな教学と実践が修され、平安中期よりその信仰が盛んとなる阿弥陀浄土の思想も、ここを拠点に広まることになった。浄土教の法然と親鸞、禅の栄西と道元、法華信仰の日蓮といった、平安末期から鎌倉時代にかけて活躍し、今日の仏教宗派の開祖となった高僧は、揃《そろ》ってこの延暦寺から出た僧であり、比叡山こそは、日本仏教諸宗派の発祥の地となったのである。

近江ゆかりの古代の高僧は、この最澄だけではない。時代は前後するが、八世紀半ばに東大寺の創建に尽力し、僧正《そうじょう》の地位に昇った別当・良弁《ろうべん》は、一説に近江の百済氏の出自とされる。国宝の本堂や多宝塔を有する湖南の名刹・石山寺《いしやまでら》は良弁を開基とし、この寺院の建立も、東大寺の整備と併行して良弁の管轄下で進められた。

比叡山延暦寺についても、一〇世紀前半の火災により根本中堂《こんぽんちゅうどう》をはじめ多くの堂宇《どうう》を焼失した延暦寺の復興にあたったのが、近江国浅井郡虎姫（現・長浜市）の木津《こづ》氏の出身である良源《りょうげん》で、比叡山中興の祖と称される。良源は、村上天皇の女御《にょうご》で藤原師輔《もろすけ》の娘・安子の男子出生祈願の功により、師輔の信任を得、その援助を受け焼失以前よりさらに整備した伽藍《がらん》を再建した。良源が本拠とした比叡山の横川《よかわ》には、その廟所が所在して信仰の対象となり、良源は御廟《みみょう》大師とも呼ばれている。

最澄、そして良源の両天台僧は、ともに近江の渡来系氏族の出身で、東大寺僧・良弁もまた、その可能性を有している。

佐々木氏

織田信長が天守閣を築いたことで有名な安土の地に、沙沙貴《ささき》神社という式内社（一〇世紀前半に成立した『延喜式』「神名帳《じんみょうちょう》」に記載された神社）が所在する。社伝によると、九世紀末に仁和寺《にんなじ》を建立した宇多天皇の子・敦実《あつざね》親王の玄孫にあたる源成頼《みなもとのなりより》が近江国の佐々木荘に入り、その孫の常方《つねかた》が佐々木氏を名乗り、当社を氏社としたという。

「沙沙貴」という名称は、近江国蒲生《がもう》郡篠笥《ささき》郷に由来する。この神社の祭神は少彦名《すくなひこな》・大毘古《おおひこ》など四坐五神、少彦名神は記紀神話に登場する神で、大国主命《おおくにぬしのみこと》の国造りを助けたとされ、また大毘古神は開化天皇の同母兄で、四道《しどう》将軍の一人として北陸道に遣わされたという。阿倍臣・膳《かしわで》臣・越国造などはその子孫と伝えるが、蒲生郡を本拠とした狭狭城《さききの》山君《やまきみ》もその一つで、韓帒宿禰《からふくろのすくね》なる人物が、五世紀後半の雄略天皇の時代に『日本書紀』に登場する。山君とは、朝廷の直轄地である山を管理し産物を貢納する山守部を管掌した氏族で、近江国栗太《くりた》郡に小槻山君《おつきのやまきみ》が存在し、小槻神社（現・草津市）を氏社とした。沙沙貴神社も、もとは狭狭城山君の氏社であったと考えられる。

平安期にこの地を拠点とした源常方の一族が近江源氏あるいは佐々木源氏と称され、常方の孫・秀義が平治元年（一一五九）の平治の乱で源義朝に与《くみ》して敗れ、一旦関東に移り住む。しかし、源平の合戦で手柄を立てた秀義の嫡男・定綱が近江国の守護に任ぜられ、故郷に返り咲く。

ちなみに、源平の合戦時に宇治川の戦いで梶原景季《かげすえ》と先陣争いを繰り広げたことで知られる佐々木高綱は、やはり源秀義の子息で、定綱の弟であった。

定綱の孫の代になって、佐々木氏は四家（氏）に分かれ、大原・高島・六角・京極と称するようになる。このうち、佐々木源氏宗家として近江の守護職を継ぎ、南近江を治めたのが六角氏、北近江に勢力をはったのが京極氏で、その名称は、それぞれ平安京の六角と京極に邸宅を有したことによる。

そして、鎌倉時代後期、京極氏より佐々木高氏（のち道誉《どうよ》）が出る。道誉は足利高氏（のち尊氏）と結んで鎌倉幕府討滅や南北朝の合戦、観応の擾乱《じょうらん》（足利尊氏・直義《ただよし》兄弟の抗争）などで活躍する。宗家である六角氏が鎌倉幕府方について一時逼塞《ひっそく》したことから、近江国守護の地位を得るが、それに止まらず、若狭・出雲・上総《かずさ》などの守護を歴任し、さらに幕府の財政を掌《つかさど》る政所《まんどころ》の執事（頭人《とうにん》）に任じられる。権謀術数に長《た》けて臨機応変に行動し、情勢を適確に判断して室町幕府内に確固たる地位を築いた。一方で、道誉は文芸などにも卓抜した才能を発揮し、多くの連歌を詠むとともに、立花《りっか》や香・茶といった芸事もたしなんだ。

自身の価値観や主張を誇示するが如く、時として華美で奢侈《しゃし》な装束や奇抜な振る舞いを見せたが、室町幕府も『建武式目』で禁じたこのような行為を「婆娑羅《ばさら》」と称し、行為に及ぶ有力武士を「婆娑羅大名」と呼んだ。佐々木道誉はまさにその代表的存在として知られている。本来無骨なイメージの強い武士階級からこのような人物を生み出した背景には、京に隣接してその影響を受け、古代より先進文化地域であった近江の風土が存在したと考えられる。

なお、佐々木道誉の後、近江守護職は再び六角氏が受け継ぐところとなり、京極氏は応仁の乱後衰退するが、小谷《おだに》城を拠点として北近江に君臨した戦国大名の浅井《あざい》氏はもとその家臣であった。

歴史の舞台となった旧跡

湖国近江は日本列島の中心に位置し、大和の藤原京・平城京、山城の平安京から東国へと向かう主要な官道（東海道・東山道・北陸道）が通っていた。真に交通の要衝にあり、日本史上著名な出来事が数多く生じる歴史の舞台となった。

琵琶湖南端に近い現・大津市錦織《にしこおり》の周辺に、天智天皇が営んだ近江大津宮が所在した。

琵琶湖西岸に沿って北上すれば、比叡山の表玄関で日吉神社が所在する坂本に至る。さらに進めば、比良《ひら》山の東麓から白鬚神社《しらひげじんじゃ》の位置する高島町鵜川《うかわ》の地を経て、三尾崎《みおがさき》に至る。『日本書紀』によれば、ここに継体《けいたい》天皇の父・彦主人王《ひこうしのおおきみ》の別業《なりどころ》（別荘）があり、天皇もこの地で生誕したという。六世紀初頭に皇位についた継体天皇は、越前国三国から迎えられた応神天皇五世の孫と伝える謎多き天皇で、そこに王朝の交替を想定する見解も呈されている。

同時にこの地は、天武元年（六七二）に生じた壬申の乱、天平宝字八年（七六四）の恵美《えみの》押勝《おしかつ》（藤原仲麻呂）の乱に際しても、戦闘の舞台となった。

さらに北陸道を北上すれば、湖上交通の北の拠点であった海津《かいづ》で琵琶湖と別れ、国境を越え越前に入る。この地点に、三関の一つである愛発関《あらち》が置かれた。北陸道を逸れて湖岸沿いに進むと、桜の名所として知られる葛籠尾崎《つづらおざき》から菅浦《すがうら》に至る。ここには、淳仁《じゅんにん》天皇を祭神とする須賀神社があり、地元の言い伝えでは、恵美押勝の乱後、天皇はこの地で隠棲したという。また、近年沖合の湖底遺跡の調査が進められている。

近江大津宮跡地から逆に湖岸に沿って南下すると、天台宗寺門派の本山である三井寺（園城寺《おんじょうじ》）があり、湖南の名刹・石山寺方面へと向かう。ここは琵琶湖の南端部で、湖水は瀬田川を通って流れ出ることになるが、瀬田川河口の地には、瀬田橋（瀬田の唐橋《からはし》）が所在する。この橋は、七世紀の壬申の乱から一四世紀の南北朝争乱に至るまで、古代・中世を通じて多くの戦乱の舞台となり、攻防が繰り広げられた。湖東地域を湖岸に沿って北上すると、草津を経て、栗東《りっとう》で東海道と東山道が分岐する。伊勢に向かう東海道は、伊勢神宮の祭祀に奉仕する斎宮《さいぐう》の往来する街道としても知られた。東山道は守山から近江八幡、安土、彦根へと続き、この辺りは、一六世紀の戦国期から織豊《しょくほう》期（織田信長と豊臣秀吉の時代）にかけて、目まぐるしい展開を見せた地域である。古代の東山道は米原《まいばら》で琵琶湖と別れて東に向かう。美濃との国境に聳《そび》える伊吹山は、東征から帰還した日本武尊がこの地で深手を負い、落命したことで知られるが、東山道には、美濃に入って不破《ふわ》関が置かれ、やはり壬申の乱時に攻防が見られた。その九〇〇年余りのち、慶長五年（一六〇〇）にこの地関ヶ原で天下分け目の戦が繰り広げられたのである。

神の坐《いま》す霊山・伊吹山

近江と美濃の国境、すなわち滋賀県と岐阜県の県境に位置する伊吹山は、標高一三七七・四メートル、滋賀県内で最も高い山である。この山は古くから神の坐す霊山として崇められ、ここを舞台にさまざまな物語が展開した。

伊吹山にまつわる有名な話といえば、日本武尊（倭建命）の最後の戦いだろう。父・景行天皇の命により、日本武尊は熊襲《くまそ》征伐に西国に遣わされ、大和に帰還した後すぐに、今度は東国への遠征を命じられる。その途上、伊勢神宮で叔母・倭姫命《やまとひめのみこと》より草薙剣《くさなぎのつるぎ》を授かり、東国での戦いを経て、帰路尾張にこの剣を置いたまま、伊吹山の荒ぶる神の征伐に向かう。山で出会った大蛇（または白猪）を伊吹山の神の正体と見抜けなかったことで、神に氷雨を降らされ、著しくその身体を害せられる。衰弱し意識が朦朧《もうろう》とした日本武尊は、下山して麓の泉で水を飲み覚醒したとされ、一説にこの泉が、のち中山道の宿場として栄えた醒井《さめがい》（現・滋賀県米原市）で、今も湧出する居醒清水《いさめのしみず》であるといわれる。日本武尊は、この後美濃から伊勢へと移り、故郷大和を偲ぶ歌を詠み、能褒野《のぼの》にて落命する。

大和は　国のまほろば　たたなづく　青垣　山ごもれる　大和しうるわし

伊吹山山麓は現在も風雪の厳しい場所として知られるが、「いぶき」とは「息吹」、すなわち山で発生する霊気（冷気）と受け取られ、古代の人びとは、荒ぶる神が所在するとして畏敬の念を抱いた。奈良時代初期に近江国守となった藤原武智麻呂《むちまろ》（鎌足の孫で不比等《ふひと》の子）がこの山に登ろうとした際、土地の民は、「この山に入ると、疾風・雷雨があり、雲霧が暗く、また蜂の群れに襲われます。昔日本武尊が鬼神の調伏を図りましたが、逆に害せられました」と諫言《かんげん》した。しかし、武智麻呂は、「若い頃から鬼神を崇敬しているので、恐れる必要はない」といって、禊《みそぎ》をして入山する。二匹の蜂に襲われたが、これを却《しりぞ》け、風雨は静まり天気は清く晴れて、伊吹山を徘徊したと伝える。

自然の驚異に対する観念として、山が神の坐すところとみなされる例は多く存在し、やがて仏教が日本の社会に広まると、山の信仰と僧侶の実践する山林修行とが結びつき、神社とともに山林寺院が営まれるようになる。伊吹山麓には、平安初期に一精舎《しょうじゃ》が営まれ、薬師仏が祀られた。九世紀半ばにこの精舎に入った東大寺僧・三修《さんじゅ》の働きで、伊吹山護国寺として朝廷の認可する定額寺《じょうがくじ》に列せられ、中・近世を通じて修験《しゅげん》の拠点として繁栄した。

ところで、山林で生活する僧は、修行を通じて病を癒《い》やす能力を身につけたが、それは経文を唱え加持祈禱を行うといった呪術的手段ばかりでなく、多くの薬草を用いて効験を示す部分も存在した。

かくとだに　えやは伊吹のさしも草　さしも知らじな　燃ゆる思ひを　（『後拾遺集』）

『百人一首』に見える、藤原実方の歌に詠まれた伊吹は、近江・美濃国境の伊吹山であるとする説が有力であるが、古くから伊吹山は薬草の宝庫であり、平安時代の例を見ても、近江と美濃から朝廷に納められる薬草の種類は群を抜いていた。伊吹山の薬草は日本の各地にもたらされ、近江を代表する特産物として知られた。伊吹山ならではの自然の産物が、近江の産業を育成すると同時に、それを利用する修行僧の活動が、まさに近江の風土を象徴する自然と文化の融合を生み出したのである。

琵琶湖の守り神・弁天さまの聖地・竹生島《ちくぶ》

『近江国風土記』逸文の伝えるところによると、夷服《いぶき》（伊吹）の岳の神である多々美比古命《たたみひこのみこと》が、その姪（あるいは妹か）の浅井の岡（※）に坐す浅井比咩命《あさいひめのみこと》と高さを競った際に、浅井の岡が一夜にして高さを増したことから、これに怒った夷服の岳の神が刀剣で斬り殺した。その首が琵琶湖に落ちて竹生島になったという。

瑠璃《るり》の花園　珊瑚《さんご》の宮　古い伝えの竹生島　仏の御手に抱かれて　眠れ乙女子《おとめご》　安らけく

有名な『琵琶湖周航の歌』に歌われる竹生島は、湖北・葛籠尾崎の沖合二キロメートルの時点に位置する、周囲二キロメートルの琵琶湖で二番目の大きさの島である。「ちくぶ」という名の由来は、浅井の岡の首が湖に沈む際の「都布都布《ずぶずぶ》」という音に因むとか、島に竹が生えたことによるとか、種々の説があるが、島の特質を考えた場合、神仏に対する斎《いつき》から転じたとする解釈も首肯されよう。奈良時代に、天照大神のお告げを受けた聖武天皇の命により行基が堂を建て、程なく元興寺の泰平や東大寺の賢円といった僧がこの島で修行を積んだという。平安時代以後、修行を志す僧の活動が見られた。

現在この島の南部に所在する都久夫須麻《つくぶすま》神社には、浅井比咩命や市杵嶋姫命《いちきしまひめのみこと》が祀られる。いずれも女神で、後者は北九州の宗像《むなかた》三神の一つ、「水神」としての性格を有する神である。やがて、仏教に伴い日本に渡来したインドの河神・弁才天が、この市杵嶋姫命と習合する。伎芸や水の神としての性格を有する弁才天は、琵琶湖の名称のもととなった楽器の琵琶や湖水との関係から、まさにこの地にふさわしい存在と受け止められた。また、この島に現れた弁才天が比叡山を守護すると誓願したという伝承に基づき、同じ近江に位置する延暦寺の天台宗系の僧が、この島に入って修行した。島の北部に所在する霊窟と呼ばれる洞窟は、清浄な行場として注連縄《しめなわ》が張られている。

現存の都久夫須麻神社社殿は、豊臣秀吉の墓である京都の豊国廟《ほうこくびょう》の一部を、その遺子・秀頼が慶長七年（一六〇二）に移築したものとされ、明治初期に神仏分離が起こるまでは、弁才天を本尊とする寺院の本堂であった。安土桃山時代の代表的な建築物で、多くの装飾彫刻が見られ、国宝の指定を受けている。また、都久夫須麻神社に隣接する宝厳寺《ほうごんじ》は真言宗の寺院で、大弁才天女を本尊とするが、観音堂には鎌倉期の千手観音立像が安置され、西国三十三所観音霊場第三十番の札所となっている。もとは都久夫須麻神社と一体で、巌《がん》金山《こんさん》太神宮寺などとも称された。その関係で、宝厳寺の観音堂と都久夫須麻神社は舟底天井の渡り廊下でつながっている。観音堂と渡り廊下は国の重要文化財、観音堂横の唐門（極楽門）はやはり豊国廟から移築されたもので、国宝である。本寺は、平安期の装飾経や鎌倉期の仏画をはじめ、多くの貴重な文化財を伝えており、往時の盛んな信仰の様子をうかがわせている。

足利尊氏や義満・義教・義政といった室町幕府の将軍が崇敬の跡を遺《のこ》し、戦国期には北近江の大名である浅井氏や越前の朝倉氏が寄進を行っている。浅井氏といえば、織田信長に小谷城で攻め滅ぼされることになる浅井久政が、その子・長政への家督相続をめぐる争いから、一時家臣によりこの竹生島に幽閉されていた。その織田信長も、長浜から船でこの島に参詣し、信長配下の木下藤吉郎（豊臣秀吉）は、竹生島に渡る湊《みなと》である早崎浦（現・長浜市）の所在する早崎村を竹生島維持管理の財源とし、庇護を加えた。

なお、竹生島と葛籠尾崎の間の湖底には、縄文時代から中世に及ぶ幅広い時代の土器が分布する葛籠尾崎湖底遺跡が存在する。完形の土器が多く採取される貴重な遺跡で、水中探査ロボットを用いて調査が行われ、多くの成果をあげている。

※夷服岳すなわち伊吹山の高さに対抗したとされる浅井の岡は、東浅井郡の金糞岳《かなくそ》に比定されるが、その高さは一三一七メートルで、伊吹山よりも六〇メートル程低いものの、近江では伊吹山に次ぐ第二の高さの山である。

湖国に遺る古社

一〇世紀前半、醍醐天皇の命により編纂された『延喜式』の「神名帳」には、官社として扱われた神社の名称と鎮座する祭神の数が記載されている。ここに見える神社は、紛れもなくそれ以前より実在した神社であり、歴史の古さを示す指標と受け止めることができるが、国別に見れば、最も多いのが永らく朝廷の所在した大和国で二八六座・二一六社を数え、伊勢神宮・出雲大社の所在する伊勢・出雲と続き、第四番目に多くの数を伝えるのが、一五五座・一四二社の近江国ということになる。

「神名帳」記載の神社には、名神大社《みょうじんたいしゃ》という社格の付記されたものが見える。名神大社は、国家に異変が生じた際に臨時の祭祀が執り行われる名神祭の対象となり、神に対して奉呈される正一位・従一位といった神階を持つ神祇を奉祭する神社であった。天平宝字八年（七六四）に生じた藤原仲麻呂の乱で、仲麻呂とその一党が近江国高島郡の三尾《みお》で討ち取られ、乱が終結した後、朝廷より近江国の名神社に対して遺使奉幣されている。

近江国の名神大社は、一三座一〇社を数える。このうち、最も高い神階を有したのは滋賀郡の日吉神社で、元慶四年（八八〇）、大比叡神《おおひえのかみ》に正一位、小比叡神《こひえのかみ》に従四位上が奉呈される。これまで幾度か触れたように、日吉神社は比叡山の玄関口である坂本に所在し、山の地主神として延暦寺により護持され神仏習合の形を示した。明治維新期の神仏分離で独立した神社とされたが、今なお四月の山王祭《さんのうさい》においては、延暦寺の天台座主《ざす》と園城寺の長《ちょう》吏《り》に率いられた天台宗の僧侶により、神前の読経《どきょう》が行われている。

現在の日吉大社には、大比叡神すなわち比叡山の守護神である大己貴神《おおなむちのかみ》を祀る西本宮と、神社のすぐ後ろにある小比叡と呼ばれた牛尾山（八王子山）ゆかりの大山咋神《おおやまくいのかみ》を祀る東本宮があり、その本殿はともに安土桃山時代の建築で、国宝に指定されている。元来、この地の神として崇められていたのは牛尾山に降臨する小比叡（大山咋）神であったが、近江遷都に伴い天智七年（六六八）に大和・三輪山の大神《おおみわ》神社の祭神が日吉神社で祀られるようになったのが、大比叡神とされている。本社は山王権現《さんのうごんげん》とも呼ばれ、天台宗の発展に伴い全国各地に日吉社・山王社が設けられた。

日吉神社が近江国二宮とされたのに対し、日吉神社より神階は低いものの、一宮として尊崇を受けた神社が、日本武尊を祭神とする栗太《くりた》郡の建部《たけべ》神社である。もと神崎郡に所在し、七世紀後半に栗太郡に移されたという伝も見える。建部は大和朝廷が設定した軍事集団で、『日本書紀』には日本武尊のために「武部」を定めたとされ、あるいは軍神としての性格から、交通の要衝に位置する近江国府の近隣の地に移されたとも考えられる。その西方すぐの地点に、瀬田川に掛かる著名な唐橋がある。

日吉神社・建部神社とともに近江を代表する名神大社が、野洲郡の御上《みかみ》神社で、野洲川の東岸に聳える標高四三二メートルの三上山の西麓に位置する。琵琶湖の対岸からも一目で識別される美しい三角錐の三上山は「近江富士」と呼ばれ、神の坐す山として信仰の対象となった。頂上部は雄山と雌山に分かれ、磐座《いわくら》が所在する。この山については、奈良時代にここで修行していた僧が神と交信した話が、日本最古の説話集である『日本霊異記《にほんりょういき》』に見え、また、平安時代にこの山に住むムカデを退治した俵藤太《たわらのとうた》の説話が伝わる。御上神社の祭神は、養老年間（七一七～二四）に三上山に降臨した天之御影神《あめのみかげのかみ》で、鎌倉初期に建立された本殿は国宝、平安末期と推定される拝殿や室町期の楼門は国の重要文化財に指定されている。

この三社をはじめ、数多くの近江の古社もまた、古くから栄えた近江の宗教文化を象徴する存在として注目される。

古代・田上《たなかみ》の文化と産業

新名神高速道路に草津田上というインターチェンジがある。この田上という地名は、地域一帯の名称であると同時に、田上山という山岳地を示すものでもある。田上山は、標高五九九・七メートルの太神山《たなかみ》を中心とする山地で、古代より近江の文化と産業に深く関わってきた。

そもそも、「太神」という用字より推し量られるように、頂上に磐座の巨石が所在する太神山は、「太陽の神」あるいは「田の神」の山として崇められたが、仏教の普及に伴い、僧侶の修行の場としても栄えることになった。現在も頂上付近に不動寺という寺院が所在する。この寺院は太神山成就院と号し、不動明王を本尊とする。寺伝では、この山から三井寺（園城寺）に金色の光がさしたことから、円珍が入山して老翁に出会い、その勧めで霊木より不動明王像を作り、貞観元年（八五九）頃に伽藍を創建し安置したという。老翁は来住した天照大神で、空中より不動明王も示現《じげん》したとされる。以後、三井寺系の天台修験の道場となり、現在も毎年九月二二日より二八日まで行われる大会式《だいえしき》で護摩が焚《た》かれ、勤仕《ごんし》する山伏とともに多くの参詣者で賑わっている。

巨石に接して設けられた不動寺の本堂は、中世後期の舞台造の建造物で、国の重要文化財に指定されている。

文化的に古い歴史を有する田上の地域であるが、それればかりではない。産業の面でも、古代以来この地域は重要な展開を見せてきた。

まずは木材。琵琶湖を取り囲む近江の山地は、運搬の至便さという点からも、大和や山背に営まれた藤原京・平城京・平安京など、宮都の建造物資材の供給地、杣《そま》として重視された。琵琶湖から瀬田川・宇治川を経由して山背へ、さらに木津川（泉川）を上って木津から大和盆地へと運ばれたのである。七世紀末の藤原宮造営に携わった役民の詠んだ万葉歌に、次のような一節が見える

いはばしる　近江の国の　衣手《ころもで》の　田上山の　真木さく　檜のつまでを　もののふの
八十宇治川に　玉藻なす　浮かべ流せれ　そを取ると　騒ぐ御民も　家忘れ　身もたな　知らず
（『万葉集』巻一―五〇）

田上には、山作所《やまつくりどころ》と称された伐採・製材の拠点が設けられ、東大寺や石山寺といった寺院の建築の際にも、資材調達の現地事務所として機能していた。無論、近隣には、これを生業とする技術者が多く居住していたことが想定される。なお、この地域の山には、現在でも遠望すると山肌が露出している所が多く見受けられるが、乱伐がその原因の一つともいわれている。

一方、田上の地域を流れる田上川（現・大戸川《だいどがわ》）が瀬田川に合流する地点に所在した谷《たな》上浜《かみはま》には、田上網代《あじろ》と呼ばれた漁場があり、平安時代には、収穫した氷魚《ひうお》（鮎の稚魚）を朝廷に献上していた。その歴史はきわめて古く、『日本書紀』には、五世紀末の雄略朝に「谷上浜」に「川瀬舎人《かわせのとねり》」を置いたという記事があり、網代の管理者と見る向きが強い。

「序章」で取り上げた「クインススタジアム」地下の木瓜原《ぼけわら》遺跡などに見られる鉱業・金属加工業とともに、この地域のさまざまな産業が、朝廷を支えていたのである。

古代近江の「御厨《みくりや》」

平安時代初期に、静安《じょうあん》という元興寺の僧がいた。彼は近江の比良山に住して妙法寺・最勝寺という寺院を建立したが、僧綱《そうごう》の律師に任じられ、宮中での仏名会《ぶつみょうえ》（仏の名を唱えて懺悔祈願する法会）や灌仏会《かんぶつえ》（釈迦の生誕を祝う法会）の導師を務めた。比良山の両寺はのちに官寺に列せられた。その跡地と目される大津市栗原の地に「西勝寺野」という地名が残っている。

この静安が、和邇船瀬《わにのふなせ》という港を造営したという。和邇の地には駅家《うまや》が置かれ、北陸道の駅馬の規定である五疋《ひき》より多い七疋と、伝馬《てんま》五疋が設置された。平安時代に逢坂《おおさか》関が山城・近江の国境に設置され、龍華《りゅうげ》関と大石関が置かれて新たな三関とされたが、平安京より八瀬・大原を通り、途中から龍華関を経て近江に入る道が北陸道と合流する地点が和邇であった。すなわち、和邇は陸上交通の要衝であり、同時に、湖岸に和邇船瀬が設けられたことで、湖上交通との接点ともなった。現在の大津市和邇中浜あるいは和邇今宿の辺りと推定される。

さらに、この和邇には御厨が所在した。「厨」とは厨房の「厨」、つまり食事を準備する場所のことで、特に神に供える食物を設える場として「御」という字を付して御厨と呼ばれたが、調理を行う場だけでなく、食材を調達する特定の地区も御厨と称された。そして、神社や寺院の御厨のみならず、天皇・皇族の食材の供給地も御厨とされ、その意味から、寺社の荘園などもその例に含まれるようになった。ゆえに、現在でも全国各地に「御厨」という地名が残っている。

近江の御厨は、平安の都に近接することから、朝廷に対する食材の供給地として重要な役割を有した。盆地に位置する平安宮で生活する天皇や皇族にとって、近江から貢納される琵琶湖の産物は、貴重な動物性蛋白《たんぱく》源であったと考えられる。律令制下で贄戸《にえこ》と呼ばれた人びと（贄人）の集団が、朝廷にその地の特産物を贄として貢納する役割を帯びたが、近江の御厨からは、琵琶湖で捕獲される魚類の加工品などが納められた。最も早い段階でその存在が史料に認められるのは、近江国坂田郡の筑摩《つくま》御厨（現・米原市）で、平城京で出土した木簡に、この御厨から届けられた「醤鮎」（鮎の塩漬け）に関するものが見受けられる。他にも、「醬鮒」「鮒鮨《ふなずし》」「味塩鮒」などを供していた。延暦一九年（八〇〇）には、この筑摩御厨の長が、饗宴の食事を掌る大膳職から、天皇の食事を管轄する内膳司の所属に変えられた。まさに、天皇のための食材を供給する拠点と位置づけられたのである。

九世紀後半の時点で、筑摩・和邇の御厨の他に、勢多（現・大津市）と、前項で触れた田上の網代が存在した。天皇や朝廷との関わりが深い御厨で活動する人びとには、漁獲の独占権など特権が付され、権力者との関係を深めたため、次第に御厨での活動を望む人びとが増加した。これに対して規制を試みた朝廷も、かえって供給不足を招き、早々に覆さざるを得なくなった。このような状況が、後世琵琶湖の各地で、さまざまな特権を有し、時には結束して権力者や他の地区の集団と抗争する、特色ある「湖族」を生み出したと考えられる。

中世になって、近江は村落の自立性が高く、多くの惣《そう》が形成され、また一五世紀には、広域に生じた「一揆」の発端となる動きが見られたが、高い生産性と恵まれた交通環境など、近江ならではの地域的特質、すなわち風土と、「湖族」につながる伝統が、その原動力となったといえよう。

近江の遺跡と文字資料

草津市の北、守山市に、三宅町という地名が見える。この「三宅」という地名は、隣接する草津市芦浦、同じく野洲市の三宅という地名とともに、六世紀頃にこの地に設けられた葦浦屯倉《あしうらのみやけ》に由来すると考えられている。

『日本書紀』安閑二年（五三五）五月甲寅《きのえとら》条によれば、このとき九州から関東の各地に朝廷の直轄地である屯倉《みやけ》が設けられ、その一つが近江国の葦浦屯倉であった。

屯倉は、現地の管理を行う役所（ヤケ）と田地、それに収穫物を収納する倉を備えており、それぞれの施設の名称が用字や音に反映されて、「御宅」「屯家」「官家」「屯倉」などと表記される。現地の管理者は朝廷から遣わされたが、その労働力は、朝廷より国造《くにのみやつこ》や県主《あがたぬし》に任ぜられた在地の豪族が提供したと考えられる。葦浦屯倉の場合、のちに近江国野洲郡となる地域を支配した安《やす》国造なる豪族が関与した。安国造の祖とされる意富多牟和気《おおたむわけ》の娘が倭建命の妃となったと『古事記』に伝わるように、大和の大王家と密接な関係を持ち、このような経緯で屯倉が設置されたのであろう。

政治的な意味ばかりでなく、社会的・文化的にも、先進地域としての性格を有していた。そのことを裏づける事実が、近年考古学調査の進展に伴って相次いで明らかになり、注目を集めている。

西河原遺跡群と総称される、現・野洲市に位置する遺跡群では、多くの建造物の遺構とともに、木簡・墨書土器といった文字資料を含む、多数の遺物が検出されている。これらの遺物で特に注目されるのは、全国的にも例の少ない七世紀後半代の木簡が認められることで、この時代の地域の情勢を知る有力な手がかりとなっている。

出土遺物や木簡の内容から知られることは、この地に、地域の経営の核となる官衙《かんが》（＝役所）的な施設が置かれていたこと、鍛冶や木製品の工房が置かれていたこと、祭祀に関連する施設が存在したこと、そして、明らかに渡来系と目される人びとがここで働いていたこと、などである。かつて触れたように、近江には多くの渡来系氏族が居住し、物流や朝鮮半島との交易などに関わっていた。志賀漢人《しがのあやひと》と呼ばれた人びとが、当初大津宮が置かれた琵琶湖南西の地を拠点に活動し、やがて琵琶湖の周囲全域に居住するようになったと考えられている。

安国造が支配した、のちの野洲郡の地域も、これらの渡来系氏族が居住するようになり、当時としては最先端の知識と技術でもって、在地の有力者に仕えていた。現・大津市の北大津遺跡から出土した、近江で最古の「音義木簡」は、漢字の訓や音の表記の類例を記したもので、きわめて重要な意義を有している。また、西河原遺跡群の森ノ内遺跡から見つかった、国の命令を伝える文書木簡も、当時の和文表現の漢文で、歴史学のみならず国語学でも、貴重な史料として注目されている。

いまだ広範囲に田園風景の残る近江。古代においては、政治・経済、文化といった全ての面で先進の地域でありながら、その地下には、開発の波に晒《さら》されていない、貴重な遺跡と史料が眠っている。これから各地で調査が進むにつれて、未解明の古代社会の諸相が明らかになるばかりでなく、従来の歴史認識の変更を余儀なくされる可能性も秘めているのである。

II

山城の風土記

序章

特異な雰囲気を醸し出す「千年の都」

京都はいくつもの顔を持つ不思議な町である。

延暦一三年（七九四）、この地に都を置いた桓武天皇は、平安京と命名した。それまでの都の名称が地名に拠《よ》ったのに対し、新都と新たな時代への思いがその名に込められたのである。同時に、都の位置する国名の用字も、かつて都が置かれた大和の地から見て山の背後にあることを意味する山背国から、堅固なイメージを持つ山城国へと改められた。それ以来、「千年の都」といわれるように、天皇や皇室の本拠たる都として今日に至っている。

明治維新期に日本の首都としての機能は東京に移ったが、正式に東京遷都の詔《みことのり》が出されておらず、「今日でも正式の都は京都」と確信している京都人も少なくない。たしかに、大正・昭和天皇の即位の儀礼は京都で行われ、明仁上皇の天皇即位の際も話題になったが、結局初めて東京で行われた。そして、今上天皇の即位の儀礼も、やはり東京で行われている。

悠久の歴史を誇る京都。しかしながら、今日京都の中心部で、平安時代の名残を目にすることはほとんど不可能である。「醍醐寺や平等院といった古刹に、平安時代の建造物が遺っているではないか」と指摘する向きもあるかもしれないが、これらの寺院は平安京の外域に位置している。もともと、平安遷都の際に、東寺・西寺のような一部の例外を除き、新たな寺院の建立は認められなかった。その後も、天皇・皇族や貴族の発願した寺院は、平安京の外域に建立された。京域内に相次いで寺院が建立され、今日の如き多くの仏閣が建ち並ぶ京都が出現するのは、中世以降のことであった。

遷都以来一二二五年の間にさまざまな出来事があり、その都度京都は顔を変えてきた。特に、京都に大きな被害をもたらし、様相を変貌させたのが、一五世紀後半に生じた応仁・文明の乱である。建造物の多くが被害を受け、平安京の機能のみならず、そこに住まいする人びとの生活も一変した。しかし、多くの伝統が失われる一方で、新たな文化が出現する。今日、日本の伝統文化として認識されているもののなかには、この時代に創出され、あるいは整備され発展したものが少なくない。畳敷き・床の間付の和室、能楽や狂言といった芸能、そして立花《りっか》など、全て中世後期の産物である。

京都の町自体も、戦国期を経て豊臣政権の時代に、秀吉により新たな町造りが進められた。一部残存する御土居という土手や、鴨川に沿って寺院が並べられた寺町、そして、新たに小路を設けて整備された町並みなどは、そのときの名残である。この新しい京都も、中心部は、幕末の動乱で大きな被害を受けた。元治元年（一八六四）に長州藩と会津・桑名などの諸藩が交戦した蛤御門《はまぐりごもん》の変（禁門の変）の際に、京中に戦火が拡がり、二万八千余戸が焼け出された。現在の京都御所の近辺から、烏丸六条・七条の東本願寺に至るまで、風に煽《あお》られて火の手が覆い尽くしたのである。京町家として親しまれる家屋も、中心部に位置するものの多くは、この変の後に建てられたものである。

京都には、古き良き伝統を重んじながら、一方で新しい風潮に敏感に反応する、独自の風土があるという。今日に至るまでに幾多の変遷を経た経験が、そのような趨勢を生み出したものといえよう。

今なお、特異な雰囲気を醸し出す京都。海外からも、日本の顔として知られる京都。この京都を含め、山背（城）国の往昔には、今日の日本の原点ともいうべき、さまざまな要素が遺されている。

上賀茂・下鴨両神社と祭神

京都を代表する河川といえば、平安京の東西を流れる鴨川と桂川が思い浮かぶ。北高南低の傾斜のきつい京都盆地を流れる両河川であるが、東の鴨川は、当初の流路が人為的に変えられて、今日の位置となったという。

鴨川という名称は、現在上賀茂神社と下鴨神社が鎮座する地域、古代・山背国愛宕《おたぎ》郡の一帯を本拠としていた、賀茂氏という豪族に因んだもので、今日では、この河川が高野川と合流する出町柳の地点までを賀茂川、以南を鴨川と、文字を使い分けている。

賀茂氏は、律令制成立以前より大和の朝廷と深い関係を持ち、葛野主殿県主《かどののとのもりのあがたぬし》に任命され、地域の管理を委ねられるとともに、朝廷に出仕して、天皇の住まいの清掃、灯火、水や氷の管理などに携わっていた。この賀茂氏の氏神を祀ったのが上賀茂・下鴨の両神社で、上賀茂神社の正式名称を賀茂別雷《かもわけいかづち》神社といい、賀茂別雷命を祀り、また下鴨神社を賀茂《かも》御祖《みおや》神社といい、賀茂別雷命の祖父にあたる賀茂建角身命《かもたけつぬみのみこと》と、母の玉依媛命《たまよりひめのみこと》の二座を祀っている。

『山背国風土記』には、両社の祭神にまつわる話が伝わる。神武天皇東征の際に道案内をした八咫烏《やたがらす》（三本足のカラス）が賀茂建角身命で、大和の葛城山から山背に入り、木津川沿いを進んで鴨川と桂川（葛野川《かどのがわ》）が合流する所に至り、さらに鴨川をさかのぼり鎮座した。その娘・玉依媛命が近くの小川で流れてきた丹塗《にぬ》りの矢を拾って持ち帰り、床の辺に挿しておくと懐妊し、賀茂別雷命を出産した。やがて、成人した賀茂別雷命に、祖父の賀茂建角身命が「父に酒を飲ませよ」と命じると、賀茂別雷命は屋根に穴を開けて天に昇った。丹塗りの矢、すなわち父神は、乙訓《おとくに》神社の火雷神《ほのいかづちのかみ》であったという。

賀茂川は、白河上皇の天下三不如意の一つとされるように、しばしば氾濫して平安京の住民を苦しめたが、自然を左右し農耕にも密接に関わる神として、雷のイメージを付して賀茂の神が崇められたのであろう。

天に昇った賀茂別雷命は、再び賀茂川近辺の地に降臨する。それが上賀茂神社の北西約二キロメートルに位置する標高約三〇〇メートルの神山《こうやま》で、その頂上には磐座《いわくら》や神の降臨した垂迹《すいじゃく》石などがあり、山そのものがご神体として崇められ、上賀茂神社の本殿と権殿《ごんでん》（ともに国宝）の間から遥拝《ようはい》する形になっている。

上賀茂・下鴨両社は、七世紀後半の天武朝の頃に造営されたと伝わるが、今日葵祭として京都の三大祭りの一つに数えられる賀茂祭は、六世紀の欽明朝に初めて行われたといい、神事の一つである競《くら》べ馬については、文武二年（六九八）にこれを禁じる命令の出されたことが『続日本紀』に見え、歴史の古さを裏づけている。

延暦三年（七八四）の長岡遷都、同一三年の平安遷都に際しても、産土神《うぶすながみ》である賀茂大神に報告がなされ、さらに嵯峨天皇の弘仁元年（八一〇）、賀茂斎院の制度が設けられて、伊勢の斎宮《さいぐう》のように、内親王が斎王として遣わされた。

風そよぐ　ならの小川の　夕暮れは　みそぎぞ夏の　しるしなりける

（『新勅撰和歌集』）

『百人一首』の一つとして著名なこの和歌は、寛喜元年（一二二九）に藤原家隆が上賀茂神社の夏の風景を詠んだもので、「なら（楢）の小川」は上賀茂神社の境内を流れる御手洗川《みたらし》、そこで行われる「みそぎ（禊）」を題材にしている。

松尾大社と秦氏

京都盆地の西部を南流する桂川。「保津川下り」で知られるように、この河川は丹波・亀岡から保津川として京都盆地に流れ込み、嵐山の渡月橋の辺りで桂川と名を変える。一方で、大堰川《おおいがわ》（大井川）とも呼ばれるが、実は大堰川という呼び名こそが、古代京都盆地の開拓との関係を物語っている。

名勝として知られる嵐山にかかる渡月橋《とげつ》、その橋上から上流を眺めると、川底に段差のあることがわかる。この段差が、古代に築かれた大堰、すなわち治水施設に関わるものと考えられ、京都の人はこの施設の存在する辺りを、ことさらに大堰川と呼んできた。

京都盆地は、北高南低の傾斜の強い地形をしている。それゆえ、北部の地域は水利の便に恵まれず、元来耕作には不向きな土地であった。嵯峨野・北野といった地名は、もと「野」すなわち原野であったことを示している。ところが、五世紀頃この地に高い技術を持った集団が入植し、その技術で治水施設を整備して、土地の開拓を進めていく。秦の始皇帝の末裔ともいわれる秦氏《はだ》である。秦氏は、応神天皇の時代に渡来した弓月君《ゆづきのきみ》の子孫と『日本書紀』は伝え、養蚕・製糸に従事する集団を形成した。同時に、農耕に関しても大いに力を発揮し、著しく生産性を向上させたと考えられ、京都盆地のみならず、近江や播磨など各地に、その痕跡を留めている。

秦氏のルーツについては諸説見えるが、新羅の波旦《はたん》から渡来したという有力な見解がある。入植後、秦氏は嵯峨野の地域に、自らの古墳を築造した。同時に、その氏神として祀ったのが、今日嵐山に鎮座する松尾大社《まつのおたいしゃ》である。

社殿の後方に聳《そび》える松尾山（標高二二三メートル）には、頂上部に古墳が所在するが、山頂近くの大杉谷上部に御神蹟の磐座があり、この磐座が信仰の対象となってきた。信仰の起源は秦氏の入植以前にさかのぼり、渡来系の秦氏は、在地の伝統的信仰と融合させて、一族の氏神を奉祭したと考えられる。

松尾大社の祭神は、大山咋神《おおやまぐいのかみ》と中津島姫命《なかつしまひめのみこと》の二座で、前者は近江・坂本の日吉大社、後者は北九州・筑紫の宗像《むなかた》大社の祭神と一致する。日吉大社・宗像大社ともに、渡来人の足跡を色濃く残す地域の神社である点、興味がひかれよう。

ちなみに、中津島姫命は、戊辰の年に「松埼日尾《まつざきのひのお》の日埼岑《ひざきのみね》」に天降ったと伝えられ、松尾山の磐座がその地点とする見解も呈されている。

　松尾大社の社殿は、大宝元年（七〇一）に勅命により秦忌寸都里《はだのいみきとり》が造営し、御神蹟から神霊を遷したといわれる。秦氏の子孫が代々その祭祀を掌り、平安時代には名神大社《みょうじんたいしゃ》に列せられた。現存する本殿は、応永四年（一三九七）建造、天文一一年（一五四二）に大修理がなされたもので、両流造《りょうながれ》・松尾造と呼ばれる建築様式で、重要文化財に指定されている。

　一方、松尾大社の境内・近隣に、一ノ井川・二ノ井川という桂川より引かれた水路が所在する。桂川の東側にも同じく水路があり、秦氏が築いた施設と考えられている。そして、東側水路の流路を辿ると、秦氏の本拠とされる太秦《うずまさ》の地に至る。この太秦は、地名の用字からしても秦氏ときわめてゆかりの深い地域で、この地に秦氏の氏寺として広隆寺が建てられた。

　さらに、延暦三年（七八四）の長岡遷都と同一三年の平安遷都という、桓武天皇により敢行された相次ぐ遷都には、この地に居住していた渡来系氏族の存在が強く影響したとされる。いうまでもなく、京都盆地の開拓と経営を推し進めた秦氏の力に負う部分も大きかったと考えられ、以後、この松尾大社は、前項で取り上げた上賀茂・下鴨神社とともに、王城の鎮護として永く朝廷の尊崇を受けることになるのである。

御霊を祀る神社

都が平城から長岡へ遷《うつ》った翌延暦四年（七八五）、造営の責任者であった藤原種継が暗殺される。捕えられた実行犯の証言などから、桓武天皇の実弟で皇太子の早良《さわら》親王が一味として拘束され、乙訓寺《おとくにでら》に幽閉された。淡路への配流と決し、護送の途中、無罪を訴えて飲食を絶っていた早良親王は死去したが、赦《ゆる》されることなくその亡骸は淡路に送られ、代わって桓武天皇の子・安殿《あて》親王が皇太子とされた。

延暦八年、桓武天皇の生母・高野新笠《たかののにいがさ》が亡くなり、次いで翌年、皇后・藤原乙牟漏《おとむろ》が薨《こう》去《きょ》すると、早良親王の墓に守人が置かれ、さらにその二年後、安殿親王の病を占ったところ、早良親王の祟りによるものとされた。以後その墓の整備など対応策が続いて講じられ、延暦一九年には早良親王に天皇号（崇道天皇）が贈られるに至った。

この後、天皇やその近親者の病、さらには飢饉・疫病といった社会不安に際し、怨霊の所業とする観念が広まり、さまざまな鎮撫の手段がとられた。貞観五年（八六三）には、疫病の流行により、崇道天皇や、承和の変で死に至らしめられた橘逸勢《たちばなのはやなり》ら六名の霊を祀る儀礼が、大内裏南の神泉苑《しんせんえん》で初めて催された。

神格化された故人の霊は御霊《ごりょう》と呼ばれ、これを祀る儀礼を御霊会《ごりょうえ》と称し、社会異変などの際に盛んに行われた。怨念鎮撫を目的とする臨時の行事であったが、やがて御霊をその強大な威力で都を護る存在と位置づけるようになり、常設の祭祀施設が出現する。現在、京都御所を挟むように、その南北に上《かみ》御霊神社と下《しも》御霊神社が所在する。祭神は八所御霊という崇道天皇らの御霊で、貞観五年の御霊会を両社の創祀としている。

同様に、神泉苑御霊会に関連するものとして、祇園・八坂神社がある。現在は素戔嗚《すさのお》命《みこと》・櫛稲田姫命《くしいなだひめのみこと》・八柱御子神《やはしらのみこがみ》らを祭神とする神社であるが、もと祇園感神院《かんしんいん》と呼び、祇園天神・牛頭天王《ごずてんのう》を祀り、当初は興福寺、のち延暦寺の別院として維持されていた。明治維新期に八坂神社と改称する。その祭礼が京都を代表する祇園祭で、祇園御霊会と呼ばれ、貞観一一年（八六九）に神泉苑で催された御霊会で、六六本の鉾《ほこ》を立てて儀礼が挙行されたのが始まりと伝える。

ところで、同じく御霊を祀る神社として、北野天満宮を知らない人はあるまい。祭神は、いうまでもなく菅原道真。学問の神様として多くの学生・生徒らの信仰を集めている。この菅原道真は、九世紀末、時の宇多天皇に重用され、右大臣の地位にまで昇った。藤原良《よし》房《ふさ》から基経《もとつね》へと受け継がれた藤原北家の主導体制下で、その学識により立身し、基経の嫡男で左大臣の時平と並ぶ立場にあったが、延喜元年（九〇一）、宇多天皇の譲位を受けた醍醐天皇の代に、時平の讒言《ざんげん》にあって大宰府に左遷され、二年後に彼の地で死去する。

菅原道真には、死後「天満大自在天神《てんまだいじざいてんじん》」という神格が付されたが、疫病や干害が相次いで起こり、道真を讒言した藤原時平は延喜九年に死去し、さらに延長六年（九二八）、内裏の清涼殿に落雷があり多数の死傷者が出た。これらの災厄は菅原道真の怨念によるものと取り沙汰され、天慶五年（九四二）には、右京七条に住む巫女の奇子《あやこ》（文子）に天神が託宣して祭祀を要求する。やがて、北野の地に社が建立され、天神を奉祭して北野天満宮が成立したという。菅原道真の生涯、天神となって被害をもたらす様子から、北野天満宮の創建に至る経緯を描いた『北野天神縁起絵巻』は、鎌倉期の代表的な絵巻物として知られている。

現在の社殿は、江戸初期の慶長一二年（一六〇七）に造営された権現《ごんげん》造の建造物で、国宝の指定を受けている。

石清水《いわしみず》八幡宮

京都市に隣接する八幡《やわた》市に、石清水八幡宮が鎮座する。平安京の南西、桂川・宇治川と木津川が合流して淀川となる地点に近いところに位置し、表鬼門にあたる北東の比叡山延暦寺に対し、裏鬼門に位置して都を護る存在と認識された。

八幡神は、もともと九州・豊前の宇佐（現・大分県宇佐市）で祀られた神である。その由来には諸説あるが、地理的条件より朝鮮半島との交渉が進んでいたことで、半島での信仰の性格を持っていた。境内に弥勒寺という神宮寺が所在したように、早くから仏教と融合しており、聖武天皇により盧舎那大仏の造立《ぞうりゅう》が進められた天平期には、日本の神々を率いてこの事業に協力するという託宣を出し、天平勝宝元年（七四九）平城京に勧請《かんじょう》され、大仏の近くに祀られた。

それ以前の段階から、九州南部の大隅《おおすみ》に住む隼人《はやと》との間で争いが生じた際や、新羅との緊張が高まった際には、朝廷により八幡神に祈請がなされた。その関係もあり、宇佐八幡宮には半島遠征の伝承を持つ神功《じんぐう》皇后が併せて祀られ、その子である応神天皇が八幡大神であると受け止められるようになる。皇室の祖神として崇められ、また、仏教的性格を色濃く有し、「八幡大菩薩」と呼ばれた。

平安時代の初め、南都・大安寺の僧であった行教《ぎょうきょう》が、神託により現社地のある男山の山頂に八幡神を勧請することを奏請し、貞観二年（八六〇）、時の清和天皇の勅許を仰いで宝殿の造営が始められる。この地にはもともと石清水寺という寺院が建っていたが、寺号を護国寺と改め、八幡宮の神宮寺とされた。以後朝廷の尊崇を受け、伊勢神宮と並ぶ皇室の宗廟として、多くの天皇・上皇の参詣を仰ぐとともに、荘園の寄進を受けた。

平安中期の摂関政治の時代に、清和天皇の末裔である清和源氏の源頼信《みなもとのよりのぶ》が、天皇ゆかりの社として石清水八幡宮を崇敬し、八幡大菩薩を源氏の祖神とした。もとより、戦の守護神としての認識を強く受けたことから、八幡神に対する信仰は、頼信の子・頼義から孫の義家へと受け継がれる。特に、後三年の役を鎮定《ちんてい》したことで有名な源義家は、石清水八幡宮で元服《げんぷく》の儀式を行い、「八幡太郎義家」と称した。その曽孫にあたる源頼朝は、幕府を開いた鎌倉に鶴岡八幡宮を造営し、源氏の氏神として崇敬する。以後、源氏の流れを汲む室町幕府の歴代将軍や、織田信長・徳川家康といった武将も参宮するなど、武家の祖神として信仰を集めた。

現在の本殿には、誉田別尊《ほんだわけのみこと》（応神天皇）、比咩大神《ひめのおおかみ》（宗像《むなかた》三女神）、息長帯足比賣命《おきながたらしひめのみこと》（神功皇后）の八幡三所大神が祀られている。本殿の建物は、寛永一一年（一六三四）に三代将軍徳川家光が修造を加えたもので、八幡造《はちまんづくり》の内殿・外殿の間には、織田信長の寄進にかかる「黄金の雨樋《あまどい》」と呼ばれる金銅製の雨樋が残されている。この本殿を含む一〇棟の建物が、平成二八年（二〇一六）に国宝に指定された。

境内には、エジソンがこの地の真竹を利用して白熱電球の改良に成功したことを記念して建てられた碑が所在し、エジソンの誕生日（二月一一日）と命日（一〇月一八日）に、祭典が催されている。

東寺

延暦一三年（七九四）、桓武天皇はわずか一〇年で長岡京を放棄し、平安京への遷都を敢行する。その建設にあたって、朱雀大路の南端に位置する羅城門を挟む形で、西寺とともに設置されたのが、東寺である。

そもそも、桓武天皇は、長岡・平安への遷都に際して、平城京に所在した大安寺・薬師寺・元興寺・興福寺や、東大寺・西大寺といった官寺の移転を認めなかった。通説では、法王の地位に昇った道鏡の皇位継承問題が起こるまでに、僧侶の政治的発言力が増した状況を是正すべく、新都より仏教を遠ざけたなどといわれるが、東寺・西寺の創建に見られるように、決して仏教自体を忌避したわけではない。むしろ、桓武天皇は、自身が天智天皇の曾孫にあたることから、天武天皇系の皇統に代わり、新たに天智天皇系の皇統が成立したことを標榜するために、前皇統にゆかりの深い官寺でなく、天皇の意向を反映した官寺の創建を望んだと受け止めるべきであろう。ただ、創建当時東寺・西寺に所属し常住する僧侶が存在しなかった事実には、注意を払う必要がある。

その東寺は、弘仁一四年（八二三）、桓武天皇の子・嵯峨天皇の時代に、空海に賜与された。文筆に長けた空海は、同じく漢文学に造詣が深く、また能筆でもあった嵯峨天皇の信任を受け、東寺を貰い受けて真言の道場とした。以後、真言宗の僧のみ五〇人の常住が許可され、天台宗の延暦寺と同様に、東寺は真言宗の拠点として機能する。創建当時は金堂《こんどう》のみであった東寺の伽藍《がらん》に、空海が講堂や五重塔の建立を企画し、伽藍の整備を進めていった。

現存する講堂は、室町期に消失したのちに再建されたものであるが、堂内は、「立体曼《まん》荼羅《だら》」といわれるように、五智《ごち》如来像（密教の本尊・大日如来を中心とする五体の如来像）、五大菩薩像、不動明王などの五大尊像、梵天像・帝釈《たいしゃく》天像、四天王像の、計二一体の仏像が須弥壇《しゅみだん》に安置され、図に描かれる曼荼羅の世界を立体で表現している。うち一五体の仏像は、空海が創建した当時のものと考えられている。

東寺の機能は、まさに鎮護国家や玉体護持（天皇の身体の安寧）を祈る場という、王権と密接に結びついたもので、国家法会の場としての性格を有し、いつしか教王護国寺と称されるようになるが、同時に、真言の道場とされたことで、真言宗の僧を育成する役割を持つようになった。さらに、平安末期に空海を祀る御影堂《みえい》（大師堂）が建立されると、東寺は弘法大師信仰の拠点寺院として広く信仰を集め、多数の荘園を保有する権門寺院として繁栄した。平安京の入り口という立地条件が時として禍《わざわい》し、戦渦に巻き込まれることもあったが、同時に創建された西寺が次第に衰微してついには廃寺となった一方で、東寺は庶民の信仰をも集め、困難を克服してその維持が図られた。今日なお、京都を代表する寺院として多くの人びとが参詣し、特に空海の命日である二一日には、毎月境内で「弘法市」というオープン・マーケットが開かれ、賑わいを見せている。

金堂や大師堂といった建造物、講堂内一五体の仏像をはじめ、多くの国宝が東寺に所在するが、なかでも江戸初期に建立された五重塔は国内最大の規模で、その容姿は京都の顔として多くの場面に登場している。

仁和寺《にんなじ》

立命館大学衣笠《きぬがさ》キャンパスの北門から、「きぬかけの道」と呼ばれる通りを西に歩むと、著名な古刹・仁和寺の門前に達する。仁和寺は平安時代を代表する勅願寺《ちょくがんじ》（天皇の発願で建立された寺院）であるが、日本史よりも、学校で習った古典に登場する寺院として記憶にある人も多いだろう。石清水八幡宮に参詣しようとしたこの寺の僧侶が、勘違いして男山の麓の末社を詣でて戻った話や、酔っ払って三本足の鼎《かなえ》を頭にかぶり、抜けなくなった僧侶の話などが、三大随筆の一つである吉田兼好の『徒然草』に登場する。

この仁和寺を創建したのは、九世紀末に即位した宇多天皇である。父親である光孝天皇が西山《にしやま》御願寺という寺院の建立を発願したが、崩御したため、宇多天皇が父の遺志を継ぎ、仁和四年（八八八）に金堂が落慶した。宇多天皇といえば、時の権力者・藤原基経《もとつね》を関白に任命するにあたり、当初「阿衡《あこう》」という文言を勅書に用いたことで基経の反感を買い、一度出した勅書を改めるという屈辱的な事件を経験したことで知られている。このこともあって、宇多天皇は基経薨去ののち、菅原道真を重用し、基経の後継である藤原時平らを牽制しようとしたとされる。

宇多天皇は寛平九年（八九七）に子の醍醐天皇に譲位し、二年後には出家して東寺で受戒する。仁和寺に設けられた法皇の居所が「御室《おむろ》」と称されたことから、仁和寺とその地域もやがて御室と呼ばれるようになる。

昌泰四年（九〇一）、道真を大事にせよという宇多天皇の申し伝えにもかかわらず、醍醐天皇が左大臣・藤原時平の讒言を受け入れて右大臣・菅原道真を大宰府に左遷する昌泰の変が勃発する。この年、宇多法皇は東寺で伝法灌頂《でんぽうかんじょう》を受け、阿闍梨《あじゃり》の地位についた。これは弟子に密教を相伝しうる地位で、しばらく天台宗などにおされていた真言宗の立場が、このののち復権するようになった。宇多法皇は、醍醐天皇の後見として影響力を有しており、政治のみならず宗教の面でも権限を確立しようとしたといわれるが、純粋に真言宗の祖師・空海を崇敬する念も強く、醍醐天皇による弘法大師号の賜与には宇多法皇の意向が強く作用したと見る向きもある。

仁和寺は、広大な寺地に堂宇《どうう》が整備され、東寺や高野山金剛峯寺と並ぶ真言宗の拠点寺院として勢力を有する存在となった。また、宇多法皇の崩御後も、皇室からの入寺が続き、法親王《ほっしんのう》の宣下を受けて御室を継承した。平安末から鎌倉期にかけて、「四円寺」と総称される円融寺などの天皇や皇族の発願にかかる御願寺がこの地に相次いで建立され、中世にかけて仏教文化がこの地で華開くことになった。のち、一五世紀後半の応仁の乱の被害を受け、堂塔の多くが消失したが、江戸時代になって復興が図られ、諸堂が再建・整備された。

現在、寺内の霊宝館に安置されている阿弥陀三尊像は、宇多天皇による金堂落慶時の本尊と考えられ、いずれも檜の一木《いちぼく》造で国宝に指定されている。また、所蔵する『三十帖《さんじゅうじょう》冊子《さっし》』（国宝）は、空海が入唐し唐の長安で恵果《けいか》より密教を受学した際、密教の経典や儀軌《ぎき》などを数名で写して持ち帰った書で、真言宗の根本ともいうべききわめて貴重な書物である。

現在の金堂は、江戸時代の寛永年間に御所の紫宸殿《ししんでん》を移建したもので、最古の紫宸殿として国宝の指定を、同じく寛永年間の御影堂や五重塔は重要文化財の指定を受けている。一方、仁和寺の境内に植えられている桜は「御室桜」と呼ばれ、最も遅咲きの桜として江戸時代より人びとに親しまれ、シーズンには多くの花見客を集めている。

神護寺

京都の西北部に位置する高雄は、古くから紅葉の名所として聞こえ、晩秋には多くの観光客を集めている。その高雄の中心部に位置するのが、古刹・神護寺である。神護寺は和《わ》気《け》氏ゆかりの寺院で、また真言宗の開祖・空海も、かつてここを拠点に活動した。

和気氏は備前国藤野郡（現・岡山県の東部）の豪族で、中央に出仕した和気清麻呂とその姉・広虫《ひろむし》が、古代最後の女帝となった称徳天皇に仕えた。広虫は出家して法均尼と称し、尼天皇である称徳に近侍した。天皇の師である法王道鏡を皇嗣に、という宇佐・八幡神の託宣の真偽を確かめるために清麻呂が宇佐に遣わされ、その報告が結果として道鏡の即位を阻むこととなる。称徳天皇の逆鱗《げきりん》に触れたこの姉弟は、それぞれ備後・大隅に配流されるが、称徳天皇崩御と光仁天皇即位に伴い復権し、次の桓武天皇の代に及んで、清麻呂は重用された。延暦三年（七八四）の長岡遷都にも功があったが、一〇年後に清麻呂は新たな都の造営を桓武天皇に進言し、平安遷都を導くことになる。和気清麻呂は、まさに奈良末・平安初期の功臣として、後世に名を残した。

神仏習合の先駆的な存在であった宇佐・八幡神の託宣に関わったことなどから、清麻呂は河内《かわち》に神願寺という寺院を建立し、同寺は朝廷の公認を受けた寺格である定額寺《じょうがくじ》に列したが、その所在地などについては定かでない。

一方、京都北部の愛宕《あたご》権現に関係する山林寺院の一つに、高雄山寺という山林寺院があった。権現の奉祭に和気清麻呂が関わったことから、清麻呂の墓がこの寺院の境内に設けられ、清麻呂の子息である和気弘世と真綱《まつな》がその護持を受け継いだ。延暦二一年、最澄をこの寺院に招請して『法華経』の講会《こうえ》を催し、弘仁三年（八一二）には、本格的な密教を伝えた空海が、ここで密教の儀礼である金剛界と胎蔵界の両部灌頂《かんじょう》を行った。和気氏が参列し、最澄もまた、空海に弟子の礼をとり灌頂を受けた。このとき灌頂を授けた僧名を記した空海筆の「灌頂暦名《れきみょう》」（国宝）が、現在も神護寺に伝わっている。

天長元年（八二四）、和気真綱の奏請により、神願寺の定額寺としての寺格を高雄山寺に移し、高雄山寺は神護国祚真言寺《じんごこくそしんごんじ》（神護寺）と改称した。神護寺は鎮護国家の道場と位置づけられ、真言宗の拠点寺院の一つであったが、この後平安期に複数の火災に遭い、衰微する。その復興に尽力したのが、院政期から鎌倉初期にかけて活躍した、文覚《もんがく》である。

文覚はもと上皇の警護にあたる北面の武士で、摂津源氏の一党に属したが、真言僧となり、神護寺の復興を後白河上皇に訴えて怒りを買い、伊豆に配流となる。ところが、そこで源頼朝と出会い、以後その信任を受け活躍する。頼朝や後白河上皇の庇護で神護寺を再興したばかりでなく、東寺・西寺や東大寺・四天王寺などの復興にも尽力した。

金堂本尊の薬師如来像は、平安初期を代表する一木造で、もと神願寺の本尊と考えられ、宝塔院に安置された同時代の五大虚空蔵《こくうぞう》菩薩像（一木造）とともに、国宝に指定されている。また、平安初期の梵鐘《ぼんしょう》（国宝）には、橘広相《ひろみ》・菅原是善《これよし》（道真の父）という九世紀の文《もん》章道《じょうどう》の学者が作し、当代の能筆家・藤原敏行が筆を執った序と銘が遺され、「三絶の鐘」といわれている。

また、同寺に伝わる両界曼荼羅（国宝）は、空海が唐より将来した原本をもとに平安初期に製作されたもので、「高雄曼荼羅」と呼ばれる。更に絹本《けんぽん》着色の三幅の肖像画（ともに国宝）は、かつて源頼朝像・平重盛像・藤原光能《みつよし》像として教科書にも掲載されたが、そのモデルについては、近年それぞれ足利直義・足利尊氏・足利義詮《よしあきら》であるという異論が呈され、論争の対象となっている。

大覚寺

平安初期に即位した嵯峨天皇は、文章経国《もんじょうけいこく》の思想に基づき、漢文学などの学問を奨励し、弘仁文化と呼ばれる文化を現出させた。古代律令制の時代で、最も安定し栄えた治世と評価する向きもある。その嵯峨天皇が、弟の淳和天皇に譲位ののち内裏を退き、隠居生活を送った離宮が、大覚寺の前身・嵯峨院である。

兄の平城《へいぜい》天皇から譲りを受け即位した嵯峨天皇であったが、のち平城上皇と対立し、争乱の危機が生じる。これを防ぎ止めた嵯峨天皇は、同類の異変が再発することを危惧し、譲位後は政務に関与せず、当初冷然《れいぜい》院、さらに嵯峨院に移り住み、この地で崩御する。

嵯峨上皇崩御の直後、承和九年（八四二）に生じたのが承和の変で、皇太子恒貞《つねさだ》親王が廃され、代わって道康《みちやす》親王（のちの文徳天皇）が立太子する。この異変には、嵯峨天皇の皇后であった橘嘉智子《たちばなのかちこ》が深く関わっていたとされるが、廃された恒貞親王の生母である正子内親王（淳和天皇の皇后、母は橘嘉智子）は、その母を怒り恨んだという。

嵯峨院を相続した正子内親王が、貞観一八年（八七六）に嵯峨院を寺院として大覚寺と号し、出家していた恒貞親王、すなわち恒寂《こうじゃく》入道親王を開山とした。その傍《かたわ》らには済治院という僧尼の医療施設まで設けたが、大覚寺は近隣に所在する嵯峨天皇・橘嘉智子・正子内親王の陵墓を管理するとともに、嘉智子が建立した檀林寺も管轄した。

鎌倉時代になると、幕府の後押しで皇位についた後嵯峨天皇が、その皇子である後深草天皇、ついで亀山天皇を即位させ院政を行ったが、やがて出家して大覚寺に入った。院政を行う治天《ちてん》の後継を後嵯峨上皇が定めずに崩じたため、後深草天皇・亀山天皇という兄弟の間で、争いが生じることになる。亀山天皇の皇子である後宇多天皇が、譲位後大覚寺に入り、この地に仙洞《せんとう》御所を設けて院政を行ったことから、後深草天皇の持明院統に対してこの一統を大覚寺統と呼び、両統は天皇や治天の地位をめぐって対立した。この後、幕府の裁定で両統から交替で天皇位を受け継ぐ原則が定められ、後醍醐天皇による討幕の動きや鎌倉幕府滅亡後の南北朝の動乱を導くことになった。

なお、後宇多上皇は大覚寺伽藍の整備にも尽力し、同寺の中興と称された。

半世紀近く続いた南北朝の動乱は、明徳三年（一三九二）、将軍・足利義満らの働きかけで、南朝の後亀山天皇が吉野より上洛して、北朝の後小松天皇に神器を渡すという形で収拾が図られたが、その舞台となったのもこの大覚寺で、退位した後亀山天皇は大覚寺に入り大覚寺殿と呼ばれた。

　創建より皇室と緊密な関係をもって歴史を刻んだ大覚寺は、現在真言宗大覚寺派の本山で、嵯峨天皇の直筆にかかる『般若心経』を所蔵している。応仁の乱の戦火で伽藍は荒廃したが、近世に復興が図られ、中心部に位置する宸殿は、江戸初期に後水尾天皇から下賜された寝殿造の建物である。また、伽藍に接する大沢池は、嵯峨天皇が離宮を営んだ際に造った人工の池で、中秋の名月に舟を浮かべて観月の夕べが催される。

　一一世紀、摂関政治の全盛期に大納言の地位にあった藤原公任《きんとう》が、大覚寺の庭園にある枯滝（名古曽《なこそ》の滝）の光景を詠んだ歌が、『百人一首』に取り上げられている。

滝の音は　絶へて久しくなりぬれど　なこそ流れて　なほ聞こえけれ　　（『拾遺集』）

宇治

朝ぼらけ　宇治の川霧　絶え絶えに　あらはれわたる　瀬々の網代木《あじろぎ》

（藤原定頼　『千載和歌集』）

日本を代表する茶の産地として知られる宇治は、『源氏物語』の舞台となり、藤原頼通《よりみち》の建立にかかる宇治平等院鳳凰堂《ほうおうどう》が所在する景勝の地として、多くの観光客が訪れる。この宇治という地名は、応神天皇の子で、のちに仁徳天皇となる兄と皇位を譲り合い、ついには自殺してこの地に葬られた菟道稚郎子《うじのわきのいらつこ》に因むといわれる。

ここは、琵琶湖から流れ出た瀬田川が名を変えた宇治川と、木津川（泉川）の両河川に接する地域で、平安京が営まれる以前より、交通の要衝として栄えた。

もののふの　八十宇治川の　網代木に　いさよふ波の　行くへ知らずも

（『万葉集』巻三―二六四）

著名な万葉歌人である柿本人麻呂が近江から大和に上る際に詠んだ歌で、七世紀の時代から、竹や木で作った網代木を用いてこの地で漁撈《ぎょろう》が行われていたことがうかがわれる。大和を発した古北陸道がこの地を通り、宇治川を渡る宇治渡《うじのわたし》では、川の流れが急なため、多くの命が失われていた。これを救うため、大化二年（六四六）に元興寺の僧・道登《どうとう》が宇治橋を架けたと伝えるが、一方で、唐より帰朝した道昭《どうしょう》が造ったともいわれる。軍事的な意味でもこの橋は重視され、壬申の乱（天武元年〈六七二〉）や、平安初期に生じた平城上皇の変（大同五年〈八一〇〉）、承和の変（承和九年〈八四二〉）といった戦乱・異変に際しても、この橋の警固が試みられている。

近江の琵琶湖と大和・山背（城）の宮都を結ぶ瀬田川（宇治川）の水系は、藤原宮の造営に必要とされた木材など、物資運搬経路として重要な役割を果たした。宇治に設けられた中継地点としての港津は宇治津と称され、宇治司所という管理施設も置かれていた。

平安時代になると、宇治川の近辺に貴族の別業《なりどころ》（別荘）が数多く設けられ、宇治院と称された。その一つが、光源氏のモデルともいわれる源融《みなもとのとおる》が営んだ別業で、代を経て藤原道長の手に渡り、さらにその子・頼通へと伝えられ、宇治殿と呼ばれた。頼通は永承七年(一〇五二)この別業を寺院に改修し、平等院と名づける。

永承七年は、仏法が廃れる末法の時代に入る年と考えられた。折しも、東北では前九年の役が生じており、人びとに末法の到来を実感させたことが、宇治平等院創建の契機とされる。ただ、当初の平等院は密教寺院であり、大日如来を本尊とする本堂や不動堂・多宝塔などが所在したが、一四世紀の南北朝期の動乱で焼失し、阿弥陀堂のみが奇跡的に残存して、鳳凰堂と呼ばれるようになった。

宇治川の水を引き込んだ池に浮かぶ平等院鳳凰堂は、阿弥陀浄土の景観を髣髴させるもので、その内部には仏師・定朝《じょうちょう》の作にかかる阿弥陀如来坐像を安置し、周囲に雲中供養菩薩像を配し、また多くの壁画が描かれた。父・道長は無量寿院(法成寺《ほうじょうじ》)を建立し、のちに「御堂関白《みどうかんぱく》」と称されたが、この寺院はすでに失われ、頼通の平等院鳳凰堂が、当時の貴族による浄土信仰の様子を今日に伝えている。

長岡京・山崎

平安京の西南、摂津国に至る淀川北部の地域に、乙訓郡が所在した。現在、ＪＲや阪急の京都線が京都と大阪を結んでいる地域である。

長岡京は、延暦三年（七八四）に平城京から都が遷された地である。すでに「御霊を祀る神社」の項で触れたように、時の桓武天皇はこの地を新たな都と定めた。それまで平城京の副都として摂津に難波京《なにわ》が置かれていたが、これを廃し、長岡京を唯一の都とした。新京の設営にあたっては、平城京や難波京の資材が運ばれ、利用されたことが認められる。

一説には、乙訓の地は、桓武天皇の母で百済系氏族の血を引く高野新笠ゆかりの地域とされる。とすれば、山部王《やまべ》すなわちのちの桓武天皇は幼少期をこの地域で過ごした可能性があり、早くから山背に居住していた秦氏など渡来系氏族の影響で、文化と経済の両面で発展していたこの地が選ばれたと推察される。そしてまた、大河と接していない平城京と異なり、南に淀川が流れるこの地は、流通の面でも至便の位置にあった。平城遷都以来七四年を経てとり行われた大事業であったが、そこには、桓武天皇が天智天皇の曾孫にあたり、天武天皇の皇統から天智天皇の皇統へと替わったことを天下に標榜する意図も存在していた。

ところが、遷都の翌年に生じた藤原種継暗殺事件に際して非業の最期を遂げた実弟・早良親王の霊障に苛《さいな》まれるようになり、長岡京はわずか一〇年で廃都となる。近年、その故地に該当する向日《むこう》市や長岡京市で発掘調査が進められ、朝堂院・大極殿・内裏といった長岡宮の構造が、相次いで解明されている。

すでに長岡遷都以前よりこの地に所在した寺院として、郡名を冠した乙訓寺が、今日でも法灯を伝えている。この寺院は、先述の事件の際に早良親王が幽閉された場所で、のちには、唐より帰朝した空海が、高雄山寺（現・神護寺）からこの寺院に入り、別当に任ぜられ寺の修造に尽力した。そして、まさにこの寺院で、弘仁三年（八一二）に、平安仏教の祖とされる二人の高僧、最澄と空海の出会いが生じた。ここで空海から胎蔵・金剛の両界曼荼羅を見せられた最澄は、程なく高雄山寺で空海から密教の灌頂を受けることになる。

長岡京の故地より淀川に沿って南に進むと、山崎の地に至る。天王山が淀川に迫り、対岸に石清水八幡宮の鎮座する男山を望むこの地は、摂津国と接する交通の要衝であった。

伝えによると、かつて道昭がこの地に橋を設けたのにならい、行基が神亀二年（七二五）に山崎橋を架けたという。長岡遷都に際してもこの橋の修造が試みられ、桓武天皇自身、この地の港・山崎津に行幸《ぎょうこう》している。

山崎の地には駅《うまや》が置かれたが、桓武天皇やその息・嵯峨天皇は、隣接する摂津国の水無瀬《みなせ》に遊猟に赴き、この地に滞在した。嵯峨天皇は駅を行宮《あんぐう》とし、さらに離宮を営んで漢詩を詠んだ。漢詩の表記に因んで、山崎の離宮は河陽宮《かや》（離宮）と称され、山崎駅もまた河陽駅と呼ばれた。この離宮は、中世油座の本所として知られる大山崎離宮八幡宮の地にあったと考えられている。

嵯峨天皇御製　河陽の花

三春二月河陽県　河陽は従来《もとより》花に富む　花は落つ能《か》くも紅に復能《はた》くも白し　山の嵐頻りに下《おろ》して万条斜《なのめ》なり

山科

平安京の所在した京都盆地から東山連峰を越えると、山科盆地に至る。山背（城）国の一角に位置するこの地は、平安遷都以前は北陸道・東山道、また平安遷都後は東海道を含めて、都と東国各地を結ぶ交通の要衝に位置していた。

天智六年（六六七）、同天皇により都が近江大津に遷され、西隣の山科の地に著名な官人の私邸が営まれた。天皇の腹心として活躍し、その死に臨んで藤原という氏名《うじな》と大織冠《たいしょくかん》という冠を賜った中臣鎌足の山階《やましな》邸である。鎌足はこの邸で『維摩経《ゆいまきょう》』という経典を講説する維摩会を催したが、この法会がのちに重要な国家法会の一つに発展し、またここに建立された山階精舎《しょうじゃ》が平城京の興福寺の前身とされる。

鎌足は天智八年に薨去し、二年後には天智天皇が近江大津宮で崩御する。天皇は山科の御陵に葬られたが、その御陵から退散する際に詠んだという額田王《ぬかたのおおきみ》の挽歌が『万葉集』に遺されている。

やすみしし　わご大君《おおきみ》の　恐《かしこ》きや　御陵《みはか》仕ふる　山科の　鏡の山に　夜はも　夜のことごと　昼はも　日のことごと　音《ね》のみを　泣きつつありてや　ももしきの　大宮人は　行き別れなむ　（巻二―一五五）

この山科から近江に出る地に設けられたのが、逢坂《おおさか》関である。山背（城）と近江両国の境は畿内と畿外の境界でもあり、この関は、宮都防衛の重要な機能を担うことになった。蝉丸がこの関を詠んだ『百人一首』の歌は、最もよく知られている和歌の一つであろう。

これやこの　行くも帰るも　わかれては　知るも知らぬも　逢坂の関　（『後撰集』）

平安遷都後の延暦一六年（七九七）に初の征夷大将軍に任じられた坂上田村麻呂は、弘仁二年（八一一）に薨去し、天智天皇と同様に山科に葬られた。その地は山城国宇治郡来栖村と伝わるが、大正期に発掘され金装大刀や鏡（国宝に指定）などが出土した西野山古墓が、その墓と考えられている。

山科盆地には小野という地区があり、九世紀の著名な女流歌人で六歌仙の一人に数えられる小野小町ゆかりの地とされる。一〇世紀にはこの地に真言僧・仁海によって曼荼羅寺が建立され、真言宗の流派の一つである小野流を伝えた。現在その塔頭《たっちゅう》の随心院が法灯を伝え、境内には小野小町の化粧井戸が所在する。

その真言宗小野流の祖とされるのが、聖宝《しょうぼう》（理源大師）である。聖宝は宇多天皇らの庇護を受け、東寺一長者・僧正《そうじょう》の地位についた。この聖宝によって笠取山（醍醐山）の山上に建立されたのが醍醐寺で、延喜七年（九〇七）に醍醐天皇の御願寺《ごがんじ》となってのち、山麓に豪壮な伽藍が整備された。山上の施設を上醍醐《かみだいご》、麓を下醍醐《しもだいご》と呼ぶが、現存する上醍醐の薬師堂（平安期）・清瀧宮拝殿（室町期に再建）、下醍醐の五重塔（平安期）・金堂（同）・三宝院の唐門と書院（ともに安土・桃山期）は国宝の建造物で、他にも多くの貴重な文化財を伝えている。

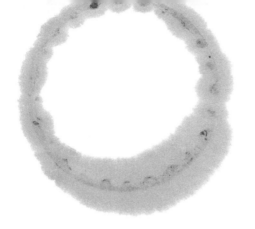

III

摂津の風土記

商都大阪の原点

摂津国《せっつのくに》は津国《つのくに》とも呼ばれ、津（港湾）に接する地で、津とは難波津《なにわつ》（現・大阪湾）を意味していた。古代においては、大阪平野で南北に延びる上町台地の西側、すなわち現在の大阪市の中心部は、海が入り込み多くの島が点在する地域で、その様子は「難波の八十島《やそじま》」と呼ばれた。

大和盆地に多くの天皇の宮が営まれた時代、摂津・難波の地は、流通・交易の拠点として、大和朝廷の外港的機能を果たす地であった。西国の産物は瀬戸内の海路を通って難波津に至り、大和川の水運、あるいは陸路で大和へと運ばれたのである。同時に、外国から渡来した人びとが大和を訪れる際もこのルートを辿り、難波津に上陸したのち、大和との国境に聳《そび》える二上山《にじょうさん》というフタコブラクダの背のような独特の形を呈する山を目印に、大和へと向かった。

ちなみに、摂津と大和の間には、河内国《かわち》が所在した。河内の地名は、大和川水系の河川に囲まれた地域を意味している。そのルートにあたるところに多くの渡来人が住み着き、彼らと関わりの深い地名が今日でも多数残存している。

西方から到来した人物といえば、初代の神武天皇もまた、日向《ひゅうが》を出立したのち、瀬戸内を通って難波碕《なにわさき》に辿り着いた。その際、浪が速かったのでこの地を「浪速国《なみはやのくに》」と名づけ、やがて「ナミハヤ」が訛《なま》って「ナニワ」となったという。

流通と交易の重要拠点であったことから、摂津の地には天皇の宮が多く設けられた。五世紀頃の天皇とされる応神天皇は難波大隅宮《なにわおおすみのみや》に行幸《ぎょうこう》し、その子・仁徳天皇は高津宮《たかつのみや》で政務を執り、難波の堀江と呼ばれる運河を築いた。六世紀の欽明天皇もまた、大連《おおむらじ》・大伴《おおともの》金村《かなむら》や物部尾輿《おこし》らを率いて祝津宮《はふりつのみや》に行幸している。

七世紀になると、皇極四年（大化元年〈六四五〉）の乙巳《いっし》の変ののち即位した孝徳天皇がこの地に難波長柄豊碕宮《なにわながらのとよさきのみや》を営み、都を大和から摂津に遷《うつ》した。大化の改新と呼ばれる新たな政治体制を志向するにあたり、大和でなくこの摂津の地を拠点としたのである。所在地は長らく確認されていなかったが、現・大阪城の南方、法円坂の辺りに、その痕跡と目される遺跡が検出され、位置だけでなく宮の構造まで知られるようになった。こののち、再び大和に都が遷っても、延暦三年（七八四）の長岡京遷都に至るまで、難波宮は副都として存続することになる。

歴代天皇の宮が置かれ、時には政治の拠点としての機能まで有した摂津の地、水陸交通の結節点であるこの地は、いみじくも古代の宮に程近いところに大坂城の創建を導き、その城下の発展は、近世において「天下の台所」たる商都の反映を導き、同時に、近松浄瑠璃に代表される浪速の文化を出現せしめたのである。

継体天皇と今城塚

摂津国の北部、北摂と呼ばれる地域に最もゆかりの深い古代史上の人物といえば、六世紀初頭に即位したとされる継体天皇であろう。

武烈天皇が崩御した後、朝廷の有力者であった大連・大伴金村を中心に後継天皇について議論され、当初丹波にいた仲哀天皇の五世孫にあたる倭彦《やまとひこ》王が候補に挙げられたが、王は自身を迎えに来た軍兵に恐れをなし、どこかへ逃亡してしまう。そこで、代わって白羽の矢が立ったのが、越前の三国《みくに》にいた、応神天皇五世孫という男大迹《おおど》王であった。

『日本書紀』によれば、男大迹王は河内の樟葉宮《くずはのみや》（現・大阪府枚方市）に入り、ここで即位して継体天皇となる。そして、大連・大伴金村、同・物部麁鹿火《あらかひ》、大臣《おおおみ》・許勢男人《こせのおひと》といった、先代からの朝廷の要人を引き続き登用したが、その四年後に山背《やましろ》の筒城《つづき》（現・京都府京田辺市）、さらにその七年後には山背の弟国《おとくに》（現・京都府長岡京市）へと宮を遷し、即位二〇年目にしてようやく大和に入り、磐余玉穂宮《いわれのたまほのみや》（現・奈良県桜井市）に居したとされている。

天皇自身がすぐに本拠とすべき大和に入らなかったのは、ヤマト朝廷自体が安定せず、その内部に継体天皇を拒絶する勢力が存在したのではないかという意見がある。さらには、そもそも遠方の越前から、応神天皇の五世孫なる人物が迎えられたということ自体がきわめて不自然で、越前・近江を基盤とし、尾張にまで影響力を持っていた男大迹王が、畿内に新たな王権をたてたとする見解も出されているが、継体天皇陵の可能性が高い、後述の今城塚《いましろづか》古墳の出土品から、継体天皇は、生産力や軍事力に直結する鉄資源を保有し、強い権力を有したことがうかがわれる。

継体天皇の治世は国の内外ともに激動の時代で、朝鮮半島の情勢は変動著しく、任那《みまな》と称された、ヤマト朝廷と深い関係を持った半島南部の地域の四県が百済に併合され、たびたび戦乱が生じている。その情勢とも関連して、新羅と結んだ筑紫国造《つくしのくにのみやつこ》磐井《いわい》による反乱が北九州で勃発し、朝鮮半島遠征の途上にあった近江毛野《おうみのけの》の軍が妨害される事態に陥ったが、継体天皇の朝廷はこれを鎮圧し、この地に直轄地である屯倉《みやけ》を設置している。

磐余宮に入り四年半ほどして、継体天皇はこの地で崩御した。その陵墓は摂津・島上郡の三嶋藍野陵《みしまあいののみささぎ》とされ、現在は茨木市太田《おおだ》の茶臼山古墳がこれに比定されている。ところが、この古墳は五世紀中頃に築造された前方後円墳で、年代が合わず、かつ太田は島上郡でなく島下郡であるため、その東に位置する今城塚古墳（高槻市郡家新町）の方が、継体天皇の陵墓にふさわしいと考えられている。いずれにせよ、通例の大和・河内と異なり、唯一摂津の地に天皇陵が営まれたことは、継体天皇の特異性を示唆するように受け取られよう。

このような朝廷の混乱は、継体天皇崩後も継続した。記紀には、安閑―宣化―欽明と、継体天皇の皇子である三兄弟が順に即位したように記されているが、その年代などには矛盾する部分も大きく、安閑・宣化天皇の朝廷と欽明天皇の朝廷が並立し対立していた可能性も指摘され、議論を呼んでいる。

中臣（藤原）鎌足

大阪府茨木市の北東部、高槻市と接する安威《あい》の地に、標高二八一メートルの阿武山という山が所在する。昭和九年（一九三四）、この阿武山に設置された京都帝国大学地震観測所のトンネル掘削工事の途上、一基の古墳が発見された。標高約二一五メートルの尾根上に、直径約八二メートルの円形の浅い溝で墓域が囲われ、中心部より切石と塼《せん》（煉瓦）で構築された墓室が出土した。

そこには、麻布を漆で何層にも重ねて製作された長さ二メートルの夾紵棺《きょうちょかん》が納められ、そのなかには、毛髪・装身具を伴う、ミイラ化した六〇歳前後の男性の遺骨が残っていた。そもそも、夾紵棺自体が、七世紀の終末期古墳に見られる、高貴な人物の埋葬に用いられた棺で、さらにガラス玉で編まれた玉枕や、遺骨頭部に金糸などが認められたことから、貴人の墓の発見として話題に上り、皇室関係者の可能性も高いとして、遺骨や遺物は再び墓に納めて埋め戻された。

それから半世紀近くたった昭和五七年（一九八二）、同地震観測所から、当時撮影された遺骨などのX線写真が見つかった。遺骨には、胸椎や腰椎骨折の重傷を負った痕跡が有り、また金糸も、冠の刺繍《ししゅう》に用いられた糸であることなどが判明した。これらの遺骨・遺物の特徴から、日本古代史上最も有名な人物の一人である中臣（藤原）鎌足の墓ではないかという意見が出され、注目を集めた。

推古二二年（六一四）の生まれとされる中臣鎌足が『日本書紀』に最初に登場するのは、皇極三年（六四四）正月に神祇伯に任命されようとしたが、鎌足は固辞し、病と称して三嶋の邸に退いたという記事である。摂津の三島に鎌足の別邸が存在したと見られ、鎌足がこの地にゆかりの人物であったことが認められる。

その中臣鎌足が中大兄皇子らと謀って蘇我入鹿を暗殺し、蘇我本宗家を滅ぼした乙巳の変（皇極四年）ののち、即位した孝徳天皇のもとで、中臣鎌足は内臣という地位につけられた。以後、斉明朝・天智朝を通じて、中大兄皇子（のち天智天皇）の政務を補佐する役割を帯びることになる。天智八年（六六九）一〇月、鎌足は大津に所在した自邸で薨去する。その直前に、天智天皇は長年の功績に対し、「大織冠《たいしょくかん》」という特別の冠と大臣の位、さらに藤原の姓を授けたと伝える。

阿武山古墳から発見された金糸は、この大織冠に使われたものではないかと考えられ、また、薨去の五ヶ月前に鎌足が天皇らと山科野で狩りを行った際、落馬して傷を負ったという言い伝えなどから、阿武山古墳の遺骨は鎌足のものでは、といわれたのである。ちなみに、鎌足の墓所として信仰を集めたのは、大和の多武峰《とうのみね》（奈良県桜井市）で、平安時代に成立した『多武峰略記』によれば、鎌足の長子である僧・定恵《じょうえ》が、鎌足の葬られた摂津国島下郡阿威から大和の多武峰に改葬したとされている。

茨木市安威には、もと鎌足の墓という古墳のある大織冠神社や、定恵開基の善法寺の流れをくむ大念寺があり、史料の示す経緯を裏づけるようであるが、ではなぜ鎌足の遺骸がここに残されているのか、また、なぜ鎌足の曾孫にあたる藤原仲麻呂が撰述した『藤氏家伝上（鎌足伝）』に、鎌足は山階（山科）で火葬されたとされているのか、など謎が多く、興味が尽きない。

行基とゆかりの寺院

大阪にゆかりの深い古代史上の人物、といわれて、まず思い浮かぶのは、奈良時代の僧・行基である。今なお、多くの人びとに「行基さん」と親しまれ、その足跡を辿る会も開かれている。絶対数の少ない古代で、行基については比較的史料に恵まれ、また関連する施設や地名などで今日に伝わるものは少なくない。ただ、伝承に基づく部分も大きく、史実であるか否かの判別は困難を伴うが、通説的には、おおむね以下のように理解されている。

行基は、和泉《いずみ》（当時は河内）の大鳥郡の出身、高志才智《こしのさいち》・蜂田古爾比売《はちだのこにひめ》を父母として、天智七年（六六八）に誕生した。父の高志才智は、応神朝に来日した王仁《わに》の後裔とされる渡来系氏族で、大陸・朝鮮半島系の高い文化を誇った南河内の地域で育ったと考えられる。その父と同じく王仁の後裔氏族である僧・道昭《どうしょう》に従って、行基は天武一一年（六八二）に出家する。道昭は、入唐留学を修して帰国ののち、各地を遊行《ゆぎょう》したと伝わるが、行基もまたこれにならい、多くの僧俗を従え、各地で土地開墾や道路整備などの社会事業を展開する。

行基の活動は、出家者を俗人から遠ざけて清浄性を維持させようとする朝廷の意向に反し、僧尼令《そうにりょう》の規定に抵触するものであったことから、霊亀三年（七一七）にこれを禁断する元正《げんしょう》天皇の詔《みことのり》が発せられる。さらに、養老六年（七二二）には、当時行基が活動の拠点とした平城京下の喜光寺（菅原寺）近辺での動きを規制するような命令が下され、このち行基は、河内・摂津、あるいは山背といった大和以外の地域に、活動の場を転じるようになる。

このような朝廷の姿勢に変化が生じるのが天平三年（七三一）で、行基に随従する高齢の信徒の得度が許可された。以後、彼とその集団に対して宥和的な姿勢をとるようになったことから、行基の活動はさらに活性化し、のちに「行基四十九院」と総称される寺院を各地に建立し、また地溝の築造や架橋、さらには、布施屋と呼ばれる窮民救済施設の設置といった事業を推し進めた。

天平一二年、平城京を離れた聖武天皇が山背国に恭仁京《くにきょう》の造営を試みた際に、行基は技術と労働力を提供してこれに参画し、また同一五年に盧舎那大仏造立《ぞうりゅう》の詔が発せられ、近江・紫香楽《しがらき》で事業が始まると、行基は積極的に協力したと伝わる。その功績に対して大僧正《だいそうじょう》という空前の地位が与えられた行基は、同二一年、亡くなる直前に、聖武天皇と光明皇后に戒を授けたという伝まで残されている。

単なる布教活動だけでなく、社会事業まで積極的に展開した行基とその集団は、社会の発展に貢献したとして後世に語り継がれ、各地にその足跡を残した。北摂の茨木市でも、天王に位置する蓮花寺、東方・水尾の弥勒堂や勝光寺（もと西方浄土寺）、摂津市との境に所在した三宅廃寺（常楽寺）、北方・東福井の真龍寺といった多数の寺院が、天平年間に行基の創建にかかるとされている。

渡辺綱と茨木童子

この世をば　わが世とぞ思ふ　望月の　欠けたることも　なしと思えば

自身の権勢を誇る歌を詠ったことで有名な藤原道長による摂関政治の時代、この道長に仕えた武士団の棟梁に、源頼光《よりみつ》という人物がいた。その父・満仲《みつなか》は清和天皇の曾孫で、藤原摂関家に仕え、諸国の受領《ずりょう》（任国に赴いた国司の最高責任者）を歴任し、のち摂津の多田（現・兵庫県川西市）に土着し本拠とする。ここで結成された武士団を摂津源氏と呼び、その流れから、やがて鎌倉に幕府を開く源頼朝が出ることになる。

源頼光も父と同様に摂関家に多くの寄進を行って信任を厚くし、受領に任じられるとともに、朝廷や摂関家の警護にあたった。彼のもとには屈強な武士が多く集ったが、なかでも頼光の「四天王」といわれる渡辺綱・坂田金時（金太郎のモデルとされる）・碓井《うすい》貞光・

卜部季武《うらべすえたけ》の四人は有名で、頼光はこれらの武士を率いて、丹波の大江山に住み多くの子女を掠《さら》うなど悪事を働いていた酒呑童子《しゅてんどうじ》の退治に赴いたという伝説が語り継がれている。

山伏を装った源頼光の一行は、巧みに酒呑童子のもとに入り込み、ともに酒を酌み交わしたのち、酔って寝入った酒呑童子の首をはね、平安京に凱旋した。このとき、酒呑童子の手下として大江山で暮らしていたとされるのが茨木童子で、四天王の一人・渡辺綱と戦ったが、かろうじてその場を遁《のが》れたという。

茨木童子の名は出身地である摂津・茨木に由来し、水尾村（現・茨木市水尾）で生誕し、月遅れであったことから、生まれながらにして歯が生え揃い、異様な形態をした大きな童子であったと伝える。あるいは、摂津の川辺郡（現・兵庫県尼崎市）の生まれで、茨木村に棄てられていたのを酒呑童子に拾われたともいわれる。この茨木童子と渡辺綱との戦いが、のちにさまざまな形の伝承を生むことになった。

ある伝では、戦いの舞台は大江山でなく、京の一条戻り橋で、女性に化けた童子が渡辺綱を連れ去ろうとして逆に腕を切り落とされ、以後それを取り戻すべく、渡辺綱の邸をうかがったという。ついには、綱の伯母を装った鬼すなわち茨木童子により腕は奪い返されることになる。また別の伝では、綱と童子の格闘が展開したのは、平安京の玄関である羅城門（羅生門）とされている。

いずれにせよ、渡辺綱に腕を切り落とされた茨木童子が、躍起となってその取り返しを図るというモチーフは共通しているが、腕を奪還したあと、童子がどこに赴き、どのような生活を送ったかといった点については定かでない。

茨木市では、観光特任大使「いばらき童子」なるキャラクター（ゆるキャラ）が設定され、鬼の形態で金棒を持つ「いばらき童子」の彫像が市内に建てられ、またその絵の入ったクリアファイルやエコバッグが販売されている。

四天王寺

その一

用明二年（五八七）、同天皇が崩御すると、朝廷内で対立していた大臣《おおおみ》の蘇我馬子と大《おお》連《むらじ》の物部守屋が、ついに武力衝突するに至った。泊瀬部《はつせべ》皇子（崇峻天皇）や額田部《ぬかたべ》皇女（推古天皇）など主な皇族は、蘇我馬子の妹の産んだ子であったことから蘇我馬子の側に立ち、用明天皇の子・聖徳太子（厩戸《うまやど》皇子）もまた、蘇我方についた。蘇我方の軍勢が大和より河内に進軍して守屋の拠点を討った際、聖徳太子は自ら四天王の像を刻んで戦勝を祈願し、勝利の暁に、四天王のために寺院を建立することを誓願したという。

蘇我方の勝利に終わったこの戦闘ののち、摂津の難波に、四天王寺が建立される。『日本書紀』には、推古元年（五九三）難波の荒陵《あらはか》に四天王寺を造り始めたとあるが、この年聖徳太子が推古天皇より皇太子の地位につけられ、政務全般を委ねられたとされることから、誓願より六年を経たこの年が四天王寺の創建にふさわしい年とされたのであろう。

その立地については、現在地と異なり、北方の難波宮跡に近い地点であったとする説や、以前からこの地に存在した寺院を転じたとする説などがあり、不明な部分も大きい。出土する古瓦から推察される限りでは、四天王寺の建築は、崇峻元年（五八八）に蘇我馬子が創建した飛鳥寺や、推古天皇の豊浦宮《とゆら》跡に建立されたと考えられる豊浦寺、推古一五年（六〇七）に聖徳太子が創建したとされる斑鳩寺《いかるが》（法隆寺）などの寺院よりも時代が下ると見られるが、『日本書紀』に、聖徳太子が崩じた翌年の推古三一年に、新羅から贈られた金塔や舎利などを四天王寺に納めたとされているので、この頃には塔や金堂はできあがっていたと思われる。

四天王寺の伽藍《がらん》は長い年月をかけて整備され、中門・塔・金堂・講堂が南から北に向けて一直線上に並び、中門と講堂にとりつく回廊で囲む形となった。このような伽藍配置を「四天王寺式」と呼び、法隆寺の古伽藍（若草伽藍）も同じ配置をとる。この頃の大規模寺院の造営には、朝鮮半島から渡来した工人の集団が関わったが、四天王寺の伽藍配置は、百済の都・扶余《ふよ》にあった軍守里廃寺《ぐんしゅりはいじ》と類似したものであることが指摘されている。

ではなぜ、朝廷の所在した大和より離れて、摂津・難波の地に四天王寺が設けられたのであろうか。まず考えられるのは、この難波の地が交通の要衝で、来朝する外国使節の上陸地点であったことから、彼らに朝廷の権威を示す目的を持ったことである。大阪湾の海上から仰ぎ見る台地上に、豪壮な建造物が聳え、来航した賓客に強く印象づける効果を期待したのであり、大型古墳の果たした役割と共通する意義をそこに見て取ることができよう。

四天王寺は、聖徳太子の創建した寺院として崇敬されてきているが、近年一部に、否定的な見解も出されている。しかし、遣隋使の派遣に代表される推古朝の外交政策に太子が大きく関わっていたとすれば、難波という地の性格から、この地に太子による寺院の設置が目論まれて当然とも受け取られる。もともとそのような性格を有した寺院であったがゆえに、新羅から贈られた文物もこの寺院に納められたのであり、やはり最古にして最先端の文化拠点の一つであったのだろう。

四天王寺

その二

乙巳の変（皇極四年〈六四五〉）による蘇我本宗家滅亡ののち、新たに即位した孝徳天皇は難波に新都を造営し、ここを拠点に大化の改新と呼ばれる政治改革を志向した。その難波宮建設により、四天王寺はこれと並び立つ施設となる。かつて推古天皇についで即位した舒明《じょめい》天皇が百済宮と百済寺の併設を図ったように、当時は宮と寺院をセットで置くことが意識されたと見られ、四天王寺についても、難波遷都により一層の整備が図られたことが想定される。

孝徳天皇自身、『日本書紀』に「仏法を尊び」と評されたように、仏教の導入を積極的に推し進め、白雉《はくち》元年（六五〇）には、難波の味経宮《あじふのみや》に二千百余名の僧尼を集めて一切経を読ませ、同時に、朝廷の庭に二七〇〇余りの灯を点じて、新たに造営された難波長柄豊碕宮の地鎮を仏教の作法で行ったとされる。四天王寺に関しては、これに先立つ大化四年（六四八）に、左大臣の任にあった阿倍内麻呂により、僧尼が四天王寺に集められて仏像四体を塔内に安置し、また釈迦の浄土である霊鷲山《りょうじゅせん》の像が造られたという。

ところで、四天王寺建立の意義について今一つ考えられるのは、用明二年（五八七）に滅亡した物部氏の保有していた田地や奴婢《ぬひ》が四天王寺に施入されていることで、資産管理の機関という性格も有した可能性が存在する。物部氏は、その拠点とした河内や摂津に莫大な資産を保有しており、同じく物部氏より継承した資産を権力の基盤としたといわれる蘇我馬子の孫・入鹿が、聖徳太子の一族を攻め滅ぼし、また、その入鹿が皇極四年に暗殺されたのち、難波の地に新たな都が置かれたのも、あるいはこの資産の行方と関係するかも知れない。

奈良時代には、近江の崇福寺、下野《しもつけ》薬師寺、筑紫観世音寺といった寺院と並び、四天王寺は官寺としての扱いを受けた。平安時代になって、火災などにより伽藍は被害を受けたが、その都度復興が図られ、今日まで伽藍の配置も変わることなく受け継がれてきた。このように四天王寺の存続を支えたのは、いうまでもなく、日本仏教の祖とされた聖徳太子に対する信仰である。その関係から、日本の仏教史上に名を残す高僧には、四天王寺との関係をうかがわせる者が多く見受けられる。代表的な人物は、平安時代の初期に天台宗を開いた最澄である。

最澄は弘仁七年（八一六）に四天王寺に参詣し、五言律詩を作して聖徳太子の廟に奉じている。最澄の開いた天台宗は『法華経』を根本経典とするが、この『法華経』を推古天皇に講説し、『法華経義疏《ぎしょ》』という注釈書を著したとされるのが聖徳太子で、太子は中国・天台宗を開いた智顗《ちぎ》の師である慧思《えし》の生まれ変わりとされた。このような『法華経』と太子信仰を媒介として、四天王寺は天台宗との関係を強め、平安時代に天台宗が隆盛するに伴い、多くの信仰を集めた。

さらに、延暦寺を中心に阿弥陀浄土の信仰が広く普及すると、四天王寺は、その西門から大阪湾を展望し、西方極楽浄土への往生を希求する場とされたが、浄土宗の祖である法然や、浄土真宗の親鸞もまた、四天王寺に参籠したといわれている。

現在の伽藍は大半が第二次大戦後に再建されたものであるが、院政期の代表的な絵画作品である国宝『扇面法華経冊子（扇面古写経）』や、根本本と後醍醐天皇宸翰《しんかん》本の二点がある国宝『四天王寺縁起』など、四天王寺には貴重な文化財が数多く伝わっている。

住吉大社

摂津国の一宮、すなわち、摂津で最も社格の高い神社として知られるのが、大阪市の南部に鎮座する住吉大社で、大阪の人びとから「すみよっさん」と呼び親しまれている。奈良時代には「すみ（の）え」と呼ばれ、住江・墨江・須美之江などと記されたが、その音により住吉とも表記されたことから、平安時代以後「すみよし」という呼称が一般化したと考えられる。

その社殿は、東から西に向かって、第一から第三の三つの本殿が一列に並び、最西、つまり先頭に位置する第三殿の南に、やはり西向きの第四殿が並列するという配置で、あたかも海に浮かぶ船団のような形態といわれている。四つの本殿の建築様式も、住吉造という独特のもので、天皇の即位に際して挙行される大嘗祭の大嘗宮に類似した構造をとる。現社殿は文化七年（一八一〇）の造営にかかり、国宝に指定されている。

第一殿から第三殿の祭神は、底筒男命《そこつつのおのみこと》・中筒男命《なかつつのおのみこと》・表筒男命《うわつつのおのみこと》の住吉三神で、第四殿には神功皇后が祀られる。この神社の由来について、『日本書紀』は次のように伝えている。

仲哀天皇崩御ののち、朝鮮半島への遠征を終えた神功皇后は、誉田別尊《ほんだわけのみこと》（のちの応神天皇）を筑紫で出産する。畿内にとどまっていた仲哀天皇の皇子である麛坂王《かごさか》と忍熊王《おしくま》の兄弟が、神功皇后とその皇子を亡きものにせんと謀り、待ち伏せを試みる。それを知った皇后は、軍を率いて瀬戸内海から難波へと向かった。務古水門《むこのすいもん》、すなわち武庫川《むこがわ》の河口あたりで占いを行ったところ、住吉三神が「大津《おおつ》の渟中倉《ぬなくら》の長峡《ながお》」の地に祀るように告げたため、神功皇后は三神をこの地に鎮座せしめ、無事に難波に辿り着いたという。

この住吉三神について、記紀神話では以下のように語られる。国生みで知られる伊弉諾《いざなぎの》尊《みこと》が、亡き妻・伊弉冉尊《いざなみのみこと》に逢うために禁を犯して黄泉国《よみのくに》に赴く。その変わり果てた姿を目の当たりにし、慌てて戻ろうとした伊弉諾尊は、怒り狂う伊弉冉尊の追っ手に迫られながら、這々《ほうほう》の体《てい》で逃げ帰り、海に入って禊《みそ》ぎを行った。このとき生まれた六神のうち、海底で生まれた底筒男、海中の中筒男、海上の表筒男の三神が、住吉大神と総称された。

住吉三神に加えて、お告げを受けた神功皇后自身も、第四の祭神としてこの神社に祀られるようになるが、このように海と縁の深い住吉大神を祀る住吉大社は、朝廷から厚く崇敬され、祈年祭《としごいのまつり》や新嘗祭《にいなめのまつり》といった国家祭祀の対象となるとともに、平安時代より天皇の即位に際して難波で行われた八十島祭《やそじままつり》にも与った。しかし、役割として特に重視されたのが「航海守護」で、遣唐使の発遣にあたって、勅使が派遣されて奉幣《ほうへい》がなされ、また、この神社の神職を務めた津守氏から、多くの遣唐使が任命された。『万葉集』には、天平五年（七三三）の入唐使に贈る歌が残されている。

そらみつ　大和の国　あをによし　奈良の都ゆ　おし照る　難波に下り　住吉の　三津に船乗り　ただ渡り　日の入る国に　遣はさる　我が背の君を　かけまくの　ゆゆし恐《かしこ》き　住吉の　我が大御神　船の舳《へ》に　領《うしは》きいまし　船艫《ふなども》に　み立たしまして　さし寄らむ　磯の崎々　漕ぎ泊てむ　泊まり泊まりに　荒き風　波にあはせず　平らけく　率《い》て帰りませ　もとの朝廷《みかど》に
（巻一九―四二四五）

総持寺と藤原山陰

北摂の茨木市内に、総持寺という平安前期の九世紀に創建された真言宗の古刹が所在する。この寺院の創建について、『今昔物語集』に次のような話が見える。

藤原山陰《やまかげ》（蔭）という貴族が住吉大社に参詣した際、鵜飼の船に乗せられた亀を買い取り、海に放してやった。その後年月を経て、この山陰の妻が海に投げ込んだ先妻の子の若君を、亀が甲羅の上に載せて運んできた。亀は一旦海に戻ったが、山陰の夢の中に現れ、かつて助けられた恩返しに、若君を救い届けたことを告げた。

山陰はこの若君を法師にし、一度亡くなった児であることから、如無《にょむ》と名づけた。如無法師は興福寺の僧となり、宇多上皇に仕えて僧都《そうず》の地位にまで昇った。恩返しとはいえ、人の命を救い、夢でその経緯を告げるなどというのは、その亀が仏・菩薩の化身であったからに違いない。この藤原山陰は、摂津国に総持寺という寺院を創建した人物として、語り伝えられている。

一方、総持寺に伝来する近世初期の『総持寺縁起絵巻』によると、類似した経緯ではあるが、継母により川に投げ入れられたのは藤原山陰自身であり、かつて漁師たちから大亀を買い上げて逃がした父・高房が観音に祈願したことで、山陰が助けられたとされる。

高房は観音の恩に報いるため造像を発願し、材料の香木を唐で求めようと遣唐使に依頼したが、持ち出しが禁じられ、遣唐使はその香木に銘を記して海に流す。高房の死後、山陰が日本に流れ着いたこの香木を手に入れ、長谷寺に参詣して仏師の童子に観音像の製作を依頼する。実は、この童子は長谷寺の観音の化身で、作り上げた観音像を祀って総持寺が建立された。

ここにはまさに、観音の霊験譚と、放生《ほうじょう》された動物の報恩譚を合わせて見て取ることができる。放生は仏教で重視された行為で、平安初期の説話集『日本霊異記《にほんりょういき》』にも類話が見られるが、ただ、『今昔物語集』のように、その動物自体を仏・菩薩の化身と受け止めた例は稀であり、興味深い。

この説話に登場する藤原高房・山陰・如無の三代は、実在した藤原北家の人物である。高房は越前などの国司を歴任し、良吏《りょうり》として知られた。その二男・山陰は、元慶三年（八七九）参議の任にあって、摂津国の班田を検校《けんぎょう》する役割を担うが、総持寺もこの年に創建されたと伝える。その三男の如無は出家して法相宗《ほっそう》の僧となり、宇多上皇に近侍して大僧都の地位につく。すなわち、上記の説話はいずれも、この三代の事績を踏まえて著されたことがわかる。

中納言にまで昇った山陰の死後、総持寺はその子供たちにより伽藍が整備され、寛平二年（八九〇）に落慶したといわれる。一二世紀に三善為康《みよしのためやす》が編纂した『朝野群載《ちょうやぐんさい》』に、総持寺の鐘銘とその製作にまつわる話が見えるが、そこには、高房の意志を受け継いだ山陰が、摂津国島下郡に総持寺を創建し、唐より得た白檀《びゃくだん》の香木で造った千手観音像を安置し、その二男の藤原公利が延喜七年（九〇七）に鐘を鋳造したと伝えている。

現在総持寺は、西国三十三所・第二十二番札所の観音霊場として、多くの参詣者で賑わっている。

北摂の山林寺院と開成皇子《かいじょう》

茨木市域の中央部、東隣の高槻市との境の近くに、神峯山《かぶさん》大門寺という真言宗御室《おむろ》派の古刹が所在する。紅葉の名所として知られる山間の寺院であるが、本尊の秘仏如意輪観音《にょいりんかんのん》坐像や四天王立像は平安後期の作で重要文化財に指定されており、古い歴史を裏づけている。

この寺院を開いたとされるのが、光仁天皇の皇子と伝える開成である。寺の伝承などによれば、神亀元年（七二四）に生まれたこの皇子は、天平神護元年（七六五）に平城京を離れ、摂津北部の山地で善仲・善算という兄弟の僧と出会った。この二僧は神亀四年よりこの地に草庵を営んで修行していたが、開成は彼らを師として出家受戒し、『大般若経』六〇〇巻を写し終え、宝亀六年（七七五）この地に弥勒寺という寺院を創建した。同一〇年には妙観という比丘《びく》がこの地を訪れ、十一面千手観音を刻み本尊とした。平安時代になって、清和天皇の病気平癒を祈願した関係で勝王寺という寺号を賜り、王の字を尾に改めて勝尾寺としたという。

勝尾寺は茨木市西隣の箕面《みのお》市にある寺院で、高野山真言宗に属し、西国三十三所・第二十三番札所として知られる。元慶三年（八七九）出家した清和上皇が巡拝した名刹のなかに「摂津国勝尾山」という名が見え、この寺院は仏道修行の聖地として多くの参詣者を集めた。その北西、標高五四〇メートルの最勝ヶ峰に、天応元年（七八一）に卒去したとされる開成皇子の墓がある。元亨四年（一三二四）五月一八日の銘を有する石造五輪塔が建てられ、「光仁天皇皇子」の墓として宮内庁の管理下に置かれている。

茨木市の大門寺は、この勝尾寺の東方、直線距離にして約六キロメートル半の地点に位置する。開成が宝亀二年（七七一）にこの地で多聞天の化身と出会って草堂を建て、のちに空海も滞在したという伝承を持つ。平安時代には多くの堂舎を備えて隆盛したが、中世に天災や兵火を被って衰微し、江戸初期に再興された。

大門寺の東方の高槻市にも、開成の開創と伝える寺院が複数存在する。高槻市霊仙寺町にある高野山真言宗の霊山寺《りょうぜんじ》は、不動明王のお告げにより開成が宝亀九年に創建したといい、さらにその東方、浦堂本町の安岡寺《あんこうじ》は、同六年に開成が霊験により自ら観音像を刻んで安置したという。この安岡寺を南山とし、中央の根本山神峯山寺、北山の本山寺と合わせて「北摂三山寺」と称している。

北摂三山寺はいずれも天台宗の寺院で、神峯山寺は安岡寺北方の山間部、原という地に所在し、文武元年（六九七）に役小角《えんのおづぬ》が霊感によりこの地を訪れ創建したと伝える。このとき現れた金比羅《こんぴら》童子が四体の毘沙門天像を造り、うち三体は他の地に飛び去り、残りの一体を本尊として祀った。のち、宝亀五年に開成が父帝の命を受けて中興したという。修験《しゅげん》の霊場という性格から多くの修行者を集め、また毘沙門天に対する信仰は、皇族・貴族のみならず、武士や商人に至るまで、時代を通じて多くの参詣者を得た。境内には、光仁天皇の分骨塔という石造十三重塔や、開成の埋髪塔という石造五重塔が立っている。

北山本山寺は、神峯山寺のさらに北方に位置し、神峯山寺の奥の院ともいわれるが、やはり役小角が道場として開創し、宝亀年間に開成が堂宇《どうう》を建立したという。本尊は神峯山寺から飛来したとされる毘沙門天像で、重要文化財の指定を受けている。また境内には、開成の一石一字経塔が所在する。

開発により宅地の近隣となっているものあるが、北摂の山間部に位置するこれらの寺院が、いずれも修行場としての性格を有し、また開成皇子の創建や中興として皇室ゆかりの寺院とされるのは、興味深い事実と思われる。摂津という名称の通り、ともすれば海や港湾との関係が強く意識されがちな地域の、一つの異なった様相が見て取られよう。

茨木市の古社とゆかりの人びと

茨木市中心部の元町に、茨木神社という、市の名を冠した神社が所在する。もとは現社殿北東の宮元町辺りにあり、中世にこの地に遷ったというが、この神社の伝によれば、平安時代の初期、桓武天皇の命を受けて東北に遠征し、蝦夷《えみし》と呼ばれた人びとを制圧したことで有名な征夷大将軍・坂上田村麻呂が、大同二年（八〇七）この地に荊切《いばらきり》の里を設けた際に、天石門別《あめのいわとわけ》神社を置いたという。茨木という地名の由来は複数見えるが、田村麻呂の設けた荊切の里に由来するというのもその一つに挙げられる。

蝦夷征討事業が一段落した延暦二三年（八〇四）、平安京にあって造西寺長官を兼務していた坂上田村麻呂は、桓武天皇の和泉・紀伊行幸に先立って、摂津と和泉の行宮《あんぐう》の地を定める使者として派遣され、同年一〇月の行幸に随従した。このとき、島上郡三島を本拠とする三島真人名継《なつぐ》なる人物が行宮に勤仕《ごんし》したとして位を進められていることから、島上郡あるいは島下郡の辺りにも行宮が設けられた可能性があり、田村麻呂との縁がこの機に結ばれたことも考えられる。

現在の茨木神社は、素戔嗚尊《すさのおのみこと》を本殿の祭神としているが、戦国時代にこの地域を制圧した織田信長が、牛頭天王《ごずてんのう》すなわち素戔嗚尊を祭神とする神社を破却の対象から外したことから、宮を護るために牛頭天王社と称し、のちに素戔嗚尊を祀って本殿としたという。その本殿の北側に、奥宮として、元宮・天石門別神社が所在する。一〇世紀前半に成立した『延喜式』の「神名帳《じんみょうちょう》」にその名が載せられた式内社であることから、この神社が平安前期に存在していたことは疑いない。

祭神である天石門別神は、天孫瓊瓊杵尊《ににぎのみこと》が降臨する際に、天照大神により思兼神《おぼしかねのかみ》、手力男神《たぢからおのかみ》とともに副えられたとする神で、その名にうかがわれるように、門を守護する御門神《みかどのかみ》とされている。ちなみに、中臣氏の祖神として知られる天児屋命《あめのこやねのみこと》は、天石門別神の娘である己等乃麻知媛命《ことのまちひめのみこと》が生んだ子という伝承が存在する。

ところで、茨木市とその周辺に相当する島下郡では、摂津国のなかで住吉郡につぐ多さの一三社に総計一七座の神が祀られ、そのうち一〇社九座の論社（式内社に相当する可能性を有する現存の神社）が、茨木市域に位置している。最も社格が高かったと目されるのが、新屋坐天照御魂神社《にいやにますあまてるみたま》で、特に朝廷より重視された名神三神を祀る大社とされている。主要な国家祭祀である月次祭《つきなみのまつり》（六月と一二月）や新嘗祭（一一月）に与り、三神のうち天照御魂神だけは、新嘗祭に先立って畿内の主な神を対象に行われた相嘗祭《あいなめのまつり》（一一月）においても、その対象とされた。

茨木市西福井にある新屋坐天照御魂神社（新屋神社）が、その論社となっており、『古事記』や『日本書紀』に瓊瓊杵尊の兄ともされる天照国照彦天火明大神《あまてるくにてるひこあめのほあかりのおおかみ》を祭神とする。社殿の奥には、この神が降臨したという日降ヶ丘《ひふりがおか》があり、石碑が建てられている。社伝では、神功《じんぐう》皇后が三韓に遠征ずる際にここの川原で禊を行って戦勝を祈願し、凱旋ののち、この神の荒魂《あらたま》と幸魂《さきたま》を、西の川上の宿久荘《しゅくのしょう》と東の川下の西河原に祀ったという。神社の近隣に所在する古墳は、在地の豪族である新屋連氏との関係が想定され、この神社も同氏により奉祭されたと考えられる。

このほか、茨木市安威に位置する式内社の阿為《あい》神社は中臣藍連、同市太田の太田神社は中臣太田連というように、中臣氏の支族との関係がうかがわれる神社が島下郡に多く見受けられる。天石門別神が中臣氏の祖神・天児屋命の祖父神とされ、また「中臣（藤原）鎌足」の項で触れたように、鎌足の三島の別業《なりどころ》や彼の墓の可能性がある阿武山古墳が存在することから、茨木市周辺が中臣氏とゆかりの深い地域であったことが知られよう。

IV

三都近隣諸国の風土記

丹波

現在の京都府は、古代の山背（城）・丹波・丹後の三国の地に該当する。このうち、長岡京・平安京の置かれた山背に接するのが丹波で、現・京都府亀岡市の地点に国府が置かれた。平安京が四神相応の地、すなわち風水の理に適《かな》った地とされた理由が、京都市北部の船岡山（北方・玄武）、東部を流れる鴨川（東方・青龍）、かつて南部にあった巨椋《おぐら》池（南方・朱雀）と並び、西に延びる山陰道（西方・白虎）が所在したためとされる。もっともこれは後世の解釈で、延暦一三年（七九四）の平安遷都の時点では、京都盆地の西部に聳《そび》える山々（西山）が白虎に相当すると見なされた。そうであったとしても、西方に隣接する地が丹波ということになる。

律令制以前の段階から、丹波地域はヤマト朝廷と密接な関係を持ち、在地の豪族が国造《くにのみやつこ》に任じられ、六世紀前半の安閑朝には蘇斯岐《そしき》の屯倉《みやけ》（一説にはのちの丹後に所在）という朝廷の直轄地が設けられた。山陰地域と畿内を結ぶ山陰道の、畿内からの出口にあたる要衝の地であり、ヤマト朝廷にとっては、重視すべき地域であった。一方、山陰地域から遷《うつ》ってきた人びともこの地に居を構え、その文化の影響も受けていた。のちに丹波国一宮として崇められる出雲大神宮（現・亀岡市千歳町）は、出雲由来の大国主命《おおくにぬしのみこと》と三穂津姫命《みほつひめのみこと》を祭神とし、出雲大社より勧請《かんじょう》されたという伝えもある。

大国主命といえば、須佐之男命《すさのおのみこと》の子孫とされ、少彦名命《すくなひこなのみこと》とともに葦原中国《あしはらのなかつくに》を築いたが、高天原《たかまがはら》の天照大神からの要請で国を譲ったという国譲り神話で知られる。三穂津姫命は『日本書紀』に引用された一書に登場する女神で、高皇産霊尊《たかみむすびのみこと》の娘で大国主命に嫁いだという。この夫婦神を主祭神とすることから、出雲大神宮は縁結びの神社として崇敬されている。

三大随筆の一つとして有名な吉田兼好の『徒然草』（第二三六段）にも、出雲大神宮が登場する。ここに参詣した聖海《しょうかい》上人なる僧が、殿舎の前の唐獅子と狛犬が背中合わせに置かれているのを見て感動し、「不思議な立ち様だ、何か深い由縁があるのでは」と思い、神主に尋ねたところ、神主は「近所の子供の悪戯には困ったものだ」と両像の向きを直したので、折角の感動も消え失せたという落ちになっている。

出雲大神宮と同じく丹波国桑田郡に位置する篠村八幡宮（現・亀岡市篠町）は、室町幕府を開いた足利尊氏が元弘三年（一三三三）、鎌倉幕府に反旗を翻して挙兵した地として知られ、尊氏が納めた願文が神社に遺されている。このあと尊氏は京に攻め上って幕府の拠点であった六波羅探題を攻め落とすが、二世紀半のちの天正一〇年（一五八二）には、いみじくも同じ桑田郡の亀山城を出立した明智光秀の軍勢が、京に上って本能寺の変を引き起こすことになる。一説には、光秀が近臣を集めて軍議を開き、謀反の意向を告げたのも、篠村八幡宮であったとされている。

歴史を大きく変えることとなった足利尊氏と明智光秀の挙兵が、ともに丹波国で生じ、平安京に攻め上るという同じ経緯を辿るのも、丹波国が都にとってどのような意味を持ったかを物語っているように受け取られよう。

丹後

大江山　いく野の道の　遠ければ　まだふみも見ず　天橋立　（『金葉集』）

『百人一首』のこの和歌は、一一世紀の天才歌人・小式部内侍《こしきぶのないし》の作にかかる。小式部内侍は有名な和泉式部の娘で、若い頃から優れた歌を詠んだが、ある時、母が代作しているのではと疑われる。歌合わせの場で、丹後にいる母に送った使者は帰ってきたのか、つまり和泉式部の代作は届いたのかと藤原定頼にからかわれて即座に詠んだのがこの歌で、あまりの見事さに定頼は尻尾を巻いて退散したという。

情熱の歌人として知られる和泉式部は、その名の由来となる和泉の国守であった橘道貞との間に小式部内侍を儲け、のちに藤原道長の四天王の一人・藤原保昌《やすまさ》と再婚する。この歌合わせが開かれた当時、和泉式部は国守となった保昌とともに丹後にいたが、丹後国の国府は同国与謝《よさ》郡の、天橋立の近隣に所在していた。

日本三景の一つ天橋立は、丹後半島の東の付け根に位置する南北約三・六キロメートルの砂洲で、伊弉諾命が天に通うために作った梯子《はしご》が倒れてできたと『丹後国風土記』は伝える。西側の内海は阿蘇海と称され、この内海沿いの一角に国府が置かれた。もとは丹波国の一部であったが、平城遷都後の和銅六年（七一三）に五郡を分立して丹後国とした。

天橋立北方の古社・籠《この》神社は丹後国一宮で、祭神である籠神は、平安時代に神階を贈られるなど朝廷の崇敬を受けた。現在は伊勢神宮と同じく天照大神や豊受大神《とようけ》などを祭神とするが、かつて籠神は豊受大神で、伊勢の外宮に祀られる以前の元宮とされた。当社に伝わる「海部《あまべ》氏系図」は、神社を掌る海部氏の歴代の人名が記された貴重な竪系図で、平安前期の書写と見られ国宝に指定されている。

『丹後国風土記』には、ほかに天女の羽衣伝説と浦島子の伝説が見えている。

丹波郡比治山の真奈井で水浴びをしていた天女の衣が老夫婦に隠され、飛んで帰ることができなくなった。天女はやむなく老夫婦の娘となり、十余年が経過する。彼女の醸《かも》す酒が多くの財をもたらし、富んだ老夫婦は天女を家から追い出すに至る。悲嘆にくれた天女は竹野郡の奈具の村に留まることとなるが、京丹後市弥栄《やさか》町の奈具神社の祭神・豊宇賀能《とようかの》売命《めのみこと》がこの天女であるという。

一方、与謝郡の日置里にある筒川村の浦島子が、捕えた五色の亀が変じた女娘に誘われ、海中に赴く。里心ついた浦島子が玉匣《たまくしげ》を授けられて三百余年後の筒川村に戻り、女娘との約束を忘れてこの玉匣を開くと、若き容姿はたちまち失われた。この浦島子を祀ったとされるのが伊根町の宇良《うら》神社（浦島神社）で、御神宝として『浦島明神縁起絵巻』や乙姫のものという刺繡小袖（いずれも重要文化財）、二合の玉匣などを伝えている。

天女の羽衣や浦島子の物語は、大陸の伝統的な思想に基づくものと考えられ、日本海を渡ってこの地に渡来した人びとのもたらした文化が想定されよう。

播磨

播磨国に該当する兵庫県の本州南西部には、聖徳太子ゆかりの遺跡が多く存在する。最も象徴的な例は、その名を地名とする揖保《いぼ》郡太子町で、この地に法隆寺の所領である鵤《いかるがの》庄《しょう》があった。天平一九年（七四七）に進上された『法隆寺資財帳』には、推古六年（五九八）に聖徳太子が『法華経』『勝鬘経《しょうまんぎょう》』を講説した際の布施として法隆寺に施入された、播磨国揖保郡の二一九町余りの水田が見えている。この鵤庄は、戦国時代まで法隆寺領として存続した。

太子町には、法隆寺領の鵤庄に関係したと思われる牓示石が残っている。言い伝えでは、この地にやって来た聖徳太子に広山の神が土地の譲渡を渋り、交渉の結果、太子が檀特山から投げた石が落ちた土地を貰い受けることになったという。このことから、牓示石は俗に「投げ石」と呼ばれ、また小石を指ではじいたという話から「はじき石」ともいわれている。鵤庄の境界を示す指標とされるが、庄の中心部に位置する石もあり、その用途が定かでない部分が存在する。

太子町鵤の集落の中心に位置する斑鳩寺《いかるがでら》は、聖徳太子ゆかりの古刹として知られる。上述の『法隆寺資財帳』と異なり、『日本書紀』では、推古一四年に播磨国の水田一〇〇町が聖徳太子に施され、「斑鳩寺」に納められたとされる。この「斑鳩寺」は大和・法隆寺のことを指すと受け取られ、同寺に嘉暦四年(一三二九)の「鵤庄絵図」(重要文化財)が伝わるが、播磨の斑鳩寺も水田施入の際に建立されたという。おそらくは鵤庄の現地管理施設としての性格を有したのであろう。

太子町・斑鳩寺の境内には、戦国期に建てられた三重塔(重要文化財)をはじめ、講堂や聖徳殿、鐘楼などの堂塔があり、聖徳殿に安置された植髪の聖徳太子十六歳の像は、皇族の寄進を受け衣替えが行われる。鎌倉期の「聖徳太子勝鬘経講讃図」や木造日光月光菩薩立像をはじめ、多くの貴重な重要文化財を伝えている。

播磨国南東部に位置する加古郡(現・兵庫県加古川市)にも、聖徳太子ゆかりの鶴林寺《かくりんじ》が所在する。敏達《びだつ》一三年(五八四)に蘇我馬子が修行者を探し求め、播磨国に居た還俗《げんぞく》僧・恵便《えべん》を見出し、彼を師として三人の尼を出家させた。寺伝では、崇峻二年(五八九)、この恵便のために太子が秦河勝《はだのかわかつ》に命じて建立させた四天王寺聖霊院がその前身という。国宝の指定を受けた室町期の本堂（折衷様建築）、平安期の太子堂（法華堂）のほか、多数の建築や彫刻、書籍などの重要文化財を伝え、まさに文化財の宝庫というべき古刹である。

聖徳太子の側近として有名な秦河勝は、推古一一年（六〇三）に太子から仏像を授けられ、京都太秦《うずまさ》・広隆寺の前身とされる蜂岡寺《はちおかでら》を建立したと伝わる。この河勝を祭神・大避大神《おおさけのおおかみ》として祀る神社が赤穂《あこう》市の大避神社で、皇極三年（六四四）に坂越《さこし》浦《しゃくし》に到来した河勝がこの地で死去したとされ、大避神社正面の海上に浮かぶ生島には、河勝の墓という古墳があり、毎年一〇月に、神社とこの生島を結んで櫂伝馬船・神輿船など多くの和船が繰り出す、壮大な坂越の船祭りが行われる。

のちに秦河勝は猿楽の祖として崇められ、室町期の観阿弥・世阿弥や金春禅竹《こんぱるぜんちく》は河勝の子孫と称した。世阿弥の著した『風姿花伝（花伝書）』には、次のような河勝にまつわる伝承が見えている。

欽明天皇の時代に、大和・大神《おおみわ》神社の鳥居の杉のあたりで、洪水で流れ着いた壺の中からみどり子が見つかり、そのみどり子が天皇の夢に現れて、秦の始皇帝の生まれ変わりであると告げた。成長したこのみどり子が秦河勝で、聖徳太子は河勝に命じて六十六番のものまね（遊宴、六十六番猿楽）を内裏で行わせ、「神楽」という語の「神」の字の「ネ」（しめすへん）を除いて、「申楽《さるがく》」と名付けた。この芸を子孫に伝えた河勝は、摂津《せっつ》の難波《なにわ》の浦よりうつぼ舟（丸木舟）に乗り、風に任せて播磨の坂越の浦に着いた。河勝は神となり、「大荒《おおさけ》大明神」と名づけられた。

越前

嶺北とよばれる福井県の木ノ芽峠以北の地域に該当する越前は、古くから大和の朝廷と密接な関係を有した。その象徴的な事例が、本書「Ⅲ　摂津の風土記」で取り上げた継体天皇の即位である。越前より畿内に入ったこの天皇の子孫が代々皇位を継ぐことになるが、その背景を考えれば、六世紀初頭の段階で、越前には大和の朝廷に匹敵する勢力を持つ王権が存在したと推察される。

律令制下において、越前は隣国の近江と並び、国のランクとして最上位の大国に位置づけられた。それだけ多くの人が住まいし、また生産力も高いことを意味するが、可耕地の面積や水利などの自然条件に恵まれただけでなく、農耕技術や鉄製農具といった生産手段の水準の高さが影響していた。このような特色は、越前の地理的条件から導かれたということができる。

越前は、日本海を隔てて朝鮮半島に面した位置にあり、海流や偏西風の影響で、半島からの渡航者が多く行き着く地域であった。越前の南端、地理的には嶺南に位置することになるが、越前国一宮・気比《けひ》神宮の所在にうかがわれるように、敦賀《つるが》は最も重要な機能を持つ越前の港として栄えた。気比神宮の祭神である気比大神は、「笥飯大神《けいのおおかみ》」あるいは「御《み》食津大神《けつのおおかみ》」と称され、御食国《みけつくに》として衣食住、とりわけ海産物を掌り、この地に集積された食材が、近江・山背を経て大和の朝廷へ届けられた。

敦賀という名称の由来として注目されるのが、崇神天皇の時代に半島より渡来したという都怒我阿羅斯等《つぬがあらしと》の伝承である。角を持つ都怒我阿羅斯等は、長門《ながと》から出雲を経て越前の笥飯浦に至り、垂仁天皇の時代に帰国したという。その間、気比神宮の祭祀とこの地域の行政に携わったという伝えもあり、現在気比神宮の境内に鎮座する延喜式内社・角鹿《つぬが》神社は、この都怒我阿羅斯等を祭神とし、かつてその政所があった場所といわれる。

大陸や朝鮮半島の影響は、当地の宗教文化にも現れた。八世紀の半ばに成立した藤原武《む》智麻呂《ちまろ》の伝記によれば、霊亀元年（七一五）武智麻呂の夢に気比神が現れ、自分のために寺を造立するように訴え、武智麻呂は神宮寺を建立したという。奈良時代以後神仏の習合が進展するが、これは最も早い段階の事例と受け止められる。この気比神宮だけでなく、越前国二宮である剱《つるぎ》神社（現・越前町）にも剱御子寺という神宮寺が存在したことが、神護景雲四年（七七〇）の銘を有する国宝の梵鐘から知られる。

神の坐《いま》す山に仏教の修行者が立ち入り、霊験を得るという山岳信仰は、神仏習合の具体的な軌跡を示すものであるが、文献史上その最古の例というべき白山《はくさん》信仰も、越前を舞台に展開した。麻生津《あそうづ》（現・福井市）出身の泰澄《たいちょう》という僧が、越知山《おちさん》での修行ののち、夢告を得て白山に入山し、白山神の本地である十一面観音を感得する。やがてこの白山は、信仰の対象であるとともに修行場として発展することになった。

白山に入山する禅定道《ぜんじょうどう》は、越前・加賀・美濃の三方から開かれ、馬場と呼ばれるその登拝口に寺院が置かれた。越前の馬場として知られる白山中宮平泉寺《へいせんじ》（現・勝山市）は、中世には天台宗の拠点として栄えたが、戦国期に一向一揆の襲撃で焼失した。近年の発掘調査により「六千坊」と称された僧坊の実態が明らかになっている。

すでに奈良時代の段階で、神仏習合の痕跡が色濃くうかがわれることは、やはり越前の地理的条件によるもので、在地の伝統文化と外来の文化が融合して独自の文化が醸成されたと受け止めねばならない。やがて中央でも同様の文化的融合を導くこととなり、全国的に神仏習合が進展する。その意味で越前は、疑いなく先駆的役割を果たした文化的先進地域であった。

若狭

養老年中（七一七〜二四）、若狭では疫病が頻発し、多くの死者が出た。干ばつが起こり、稲は実らなかった。この頃、和赤麻呂《やまとのあかまろ》なる人物が仏道に帰依し、深山で修行を積んでいたが、そこに若狭比古大神《わかさひこのおおかみ》が人の姿で現れ、赤麻呂に告げた。

「この地は私のすみかである。私は神の身を受け、苦悩がはなはだ深い。仏法に帰依して神の道を免れようと思うが、この願いが果たされないので、災害を引き起こしている。そこでおまえに、私のために修行してもらいたい。」

赤麻呂はすぐに道場を建立し、仏像を造って、神願寺《じんがんじ》と名づけ、大神のために修行した。その後、毎年稲の実りは豊かになり、夭死する人はいなくなったという。

天長六年（八二九）に若狭比古神社の神主となった和宅継《やかつぐ》が、曾祖父・赤麻呂に関する古い記録を見て語った内容とされるが、この神社は、遠敷《おにゅう》郡（現・小浜市）に鎮座する若狭彦神社および若狭姫神社の総称で、縁起では、若狭比古神は霊亀元年（七一五）、姫神は養老五年（七二一）に唐人のような身形《みなり》で白馬に乗って現れたという。神の求めにより神宮寺を建立するという件《くだり》には、前項で紹介した敦賀・気比神宮の神宮寺と共通する経緯が見て取られよう。

現在も、若狭姫神社から若狭彦神社を経て南方に向かった所に、かつて神願寺と呼ばれた若狭神宮寺が建っている。この地は最初に若狭比古神が居所としたところと伝えるが、現本堂は天文二二年（一五五三）に朝倉義景により再建された重要文化財で、その内部には仏とともに神が祀られ、神仏分離以前の神宮寺の姿を留める貴重な建物ということができる。

若狭神宮寺の著名な行事が、毎年三月二日に行われるお水送りの神事である。神宮寺で大護摩法要が営まれた後、遠敷川に沿って約一・八キロメートル奥地の鵜の瀬まで、松明《たいまつ》の行列を連ねて御香水《おこうずい》が運ばれ、遠敷川に注がれる。この御香水が一〇日をかけて大和に流れ着き、東大寺・二月堂の前にある若狭井という井戸に届くとされている。

春を呼ぶといわれる奈良・東大寺のお水取り、正確には、二月堂で行われる十一面観音悔過《けか》という仏事で、修二会《しゅにえ》と呼ばれる。大仏開眼供養の行われた天平勝宝四年（七五二）に実忠という僧が始修し、以来毎年行われてきた。現在では、三月一日より二週間、練《れん》行衆《ぎょうしゅう》と呼ばれる僧により修されるが、三月一二日の夜半に若狭井で御香水が汲み上げられ、二月堂本尊の十一面観音に供えられる。

この修二会において、仏前で有縁の神々の名前が読み上げられる。二月堂の縁起によれば、若狭の遠敷明神すなわち若狭比古神が、遠敷川で釣りをしていて遅参したことから、そのお詫びとして、二月堂の前に御香水となる清水を涌き出させ、この閼伽井《あかい》を若狭井と称したという。たしかに、若狭と大和を結ぶライン上には、多くの十一面観音像が遺されており、この観音に対する信仰が盛んな地域であったことが認められる。

神と仏の交わりという点では、東大寺もまた、盧舎那大仏造立に際して全国の諸神祇を率いて協力を申し出た豊前・宇佐の八幡大神を境内に勧請《かんじょう》しており、現在も二月堂の南方に鎮守社・手向山《たむけやま》八幡宮として祀られている。奈良時代という早い段階でこのような神仏習合の兆しをうかがわせ、若狭と大和の信仰に相通じる様相を見て取ることができよう。

先に触れたように、若狭比古神・姫神は当初唐人の姿で現れたという。前項でとり上げた越前・敦賀の都怒我阿羅斯等伝承と同様に、明らかに大陸・半島から渡来した文化、信仰の性格を有しており、日本海に面する若狭の地理的条件を反映したものと受け取られる。ちなみに、宇佐・八幡大神も渡来系文化の要素を色濃く有する神であり、豊前・宇佐八幡社の境内には、奈良時代前半から神宮寺である弥勒寺が建っていた。

大和

奈良盆地の南部、和銅三年（七一〇）の平城遷都まで都であった藤原京の内部に位置し、その中心に置かれた藤原宮を取り囲む形で三角形の三点を構成する三つの山、畝傍《うねび》山・天香久《あまのかぐ》山・耳成《みみなし》山は、「大和三山」と総称される。大和の代表的な景観として知られるこの三山は、万葉歌にも題材として取り上げられた。

香具山は　畝傍《うねび》ををしと　耳梨《みみなし》と　相争ひき　神代《かみよ》より　かくにあるらし　古《いにしへ》も　然にあれこそ　うつせみも　妻を争ふらしき

（『万葉集』巻一―一三）

これは中大兄皇子が詠んだ歌で、神代に起こった三山の間でのいわゆる三角関係が詠み込まれている。すなわち、畝傍山をめぐって天香具山と耳成山が争っているのであるが、ここで、万葉仮名で「雲根火雄男志等」と表記される「畝傍ををしと」の部分が問題となる。「雄男志」の解釈によって三山の男女比定が異なり、「雄々し」とすれば「勇ましい」という意味で、畝傍山は男性に見立てられ、「を愛し」「を惜し」であれば、女性に対する思いを表す可能性が高いことになる。

詠み手の中大兄皇子といえば、皇極四年(六四五)に蘇我入鹿を暗殺し、孝徳天皇のもとで皇太子として大化の改新と呼ばれる政治改革を主導し、即位ののち、近江大津宮への遷都や近江令の制定、庚午年籍《こうごねんじゃく》の作成を進めた天智天皇として、多くの事績が知られている。その同母弟で皇太弟とされたのが大海人皇子、すなわちのちの天武天皇であった。この兄弟の間で、著名な女流歌人である額田王《ぬかたのおおきみ》の争奪が起こった。

額田王は、当初大海人皇子の妃となり、十市《とおち》皇女を儲けるが、のちに天智天皇の室に入る。十市皇女は、天智天皇の子で異母兄(弟)にあたる大友皇子に嫁ぐ。すなわち、額田王にとって天武元年(六七二)の壬申の乱は、前夫と娘婿との間で生じた皇位をめぐる争いということになり、大友皇子は戦いに敗れて自経し、十市皇女もその六年後に世を去る。

中臣(藤原)鎌足の伝記によれば、天智六年(六六七)に遷都した近江大津宮で、天皇が群臣を招いて催した酒宴が酣《たけなわ》になったとき、大海人皇子が長槍で敷板を刺し抜くという事件が起こった。激怒した天皇は大海人皇子をその場で処罰しようとしたが、臨席した中臣鎌足が天皇を諫《いさ》めて止めさせたという。ちょうどこの頃に、額田王の夫が大海人皇子から天智天皇に替わったと考えられることから、大和三山の歌を、この三人の関係を反映したものと捉える向きもある。

当時の宮廷社会に波紋を呼んだ額田王、多くの歌が伝わるが、その秀歌の中には、天智天皇が中臣鎌足に詔して春の山と秋の山の優劣を競わせた際、これに応《こた》えて彼女が詠んだという歌が見えている。

冬ごもり　春さり来れば　鳴かざりし　鳥も来鳴きぬ　咲かざりし　花も咲けども
山をしみ　入りても取らず　草深み　取りても見ず　秋山の　木の葉を見ては　黄葉をば　取りてそしのふ　青きをば　置きてそ嘆く　そこし恨めし　秋山そ我は

（巻一―一六）

どうやら額田王は、秋の山がお気に入りであったようである。

河内

河内は、西は大阪湾と摂津、東は生駒《いこま》・金剛の山地を境に大和と接した。西国から瀬戸内海を経由して到来した人びとと物資が、朝廷の所在する大和へと向かう途次にあたり、淀川・大和川の水系で生産性も高かったこの地域には、多くの渡来人が居住した。現在でも、各地の名称や文化財にその痕跡が認められる。

北河内の枚方《ひらかた》には、八世紀半ばに百済王《くだらのこにきし》敬福《きょうふく》によって建立されたと伝える百済寺の遺跡が、史跡公園として整備されている。百済王氏は、七世紀前半に渡来した百済の王子・禅広王を祖とする一族で、その子孫にあたる敬福は、陸奥の国守在任時の天平二一年（七四九）に、同国小田郡（現・宮城県涌谷町）で金が産出したことを報告した。日本史上初となる金の産出であり、当時進められていた盧舎那大仏造立事業に貢献することになった。

この事業は、天平一二年に聖武天皇が難波に行幸した際に、立ち寄った河内国大県《おおがた》郡の智識寺（現・柏原市）で丈六の盧舎那仏像を拝したことがきっかけとなって、三年後に開始されたものである。智識とは民間の仏教信仰者を意味し、その募財により建てられた寺院であった。大和川の流路に沿う形で、智識寺をはじめ、山下寺、大里寺といった六つの寺院が南北に立ち並んでいたが、聖武天皇の跡を継いだ娘の孝謙天皇も、天平勝宝八歳（七五六）の難波行幸の際に、この六寺を参拝している。

六寺の東方には竹原井行宮《たかはらいのあんぐう》があり、難波行幸の際に辿る官道が通っていた。大和川を挟んだ南方にも、河内国分寺をはじめ古代寺院の遺跡が残っており、河内国府に近いこの地域は、多くの寺院が林立する、まさにテクノポリスともいうべき光景が展開したと推察される。当時の寺院は、最先端の建築技術と豪壮な規模、華美な装飾でもって造営された、文化を象徴する建造物であった。

その西方には、日本で二番目の規模を誇り応神天皇陵と伝える誉田御廟山《こんだごびょうやま》古墳を中心とする古市古墳群があり、周囲は濃密に渡来人が居住した地域として知られる。誉田御廟山古墳の南、日本武尊《やまとたけるのみこと》の陵墓である白鳥陵古墳東方の古市は、応神天皇の時代に百済から来朝して『論語』と『千字文』を伝えた王仁《わに》の後裔氏族とされる文氏（西文氏《かわちのふみうじ》）の本拠地で、七世紀前半に建立された氏寺の西琳寺が残っている。

一方、誉田御廟山古墳西方の野々上から藤井寺、高鷲にかけての地には、王仁の渡来より一五〇年ほどのちに百済より渡来した王辰爾《おうしんに》の一族である船氏や白猪《しらい》氏（葛井《ふじい》氏）が居住していた。王辰爾は、船の賦を数えた功で船の氏名《うじな》を賜ったという。税の計算といった出納や半島との交渉などに優れた力を発揮したとみられ、朝廷の三蔵《みつくら》（財務）を管轄した大臣・蘇我稲目や馬子の配下で活躍した。聖徳太子ゆかりの寺院として「中の太子」と呼ばれる野中寺は船氏の氏寺といわれ、また藤井寺市の名称の由来となった葛井寺は葛井氏の氏寺で、国宝の十一面千手千眼観音菩薩坐像を安置する。

日本に法相宗《ほっそう》を伝えた道昭《どうしょう》、藤原仲麻呂の配下で少僧都《しょうそうず》として行政を担った慈訓《じきん》はともに船氏、慈訓と同時期に少僧都の任にあった慶俊《きょうしゅん》は葛井氏の出身である。加えて、渡来系氏族ではないが、光明皇后の庇護を受けて僧正《そうじょう》の地位についた玄昉《げんぼう》、桓武天皇の尊崇を受けた善珠《ぜんじゅ》は阿刀《あと》（跡）氏、称徳天皇に寵遇された道鏡は弓削《ゆげ》氏というように、河内の氏族出身の僧が、奈良時代の仏教の興隆、文化の創出に重要な役割を果たした。

ちなみに、広い地域で社会事業を展開し、人びとの救済に努めた著名な行基もまた、その出身地である大鳥郡が河内より分離して和泉の一部となる以前の、河内出身の僧であった。

和泉

大阪府の南部に相当する和泉国は、もと河内国の一部であったが、霊亀元年（七一五）に即位した女帝の元正天皇が珍努《ちぬ》（茅渟）宮をこの地に営み、和泉・日根・大鳥の三郡が河内から独立して、特別行政区の和泉監《げん》とされた。珍努宮は和泉宮とも呼ばれ、その名は、この地に接する大阪湾が茅渟（黒鯛の別名）の海と称されたことに由来する。のち、和泉国は一旦河内国に併合されたが、天平勝宝九歳（七五七）に再び分離して和泉国となった。元正天皇は霊亀三年以後、幾度かこの宮を訪れ、甥の聖武天皇に譲位して太上天皇となった後も、天平一六年（七四四）に行幸している。

和泉国の北部、泉北と呼ばれる地区に、光明池という灌漑《かんがい》用のため池がある。その名は、天平元年に聖武天皇の皇后となった藤原光明子（光明皇后）が、近隣の浄福寺という寺院で生まれたという伝説に因んでいる。その伝説は、以下のようなものである。

和泉郡出身の智海という僧が、同郡宮里の瀧山で修行していた。この智海を慕う雌鹿が彼の尿を嘗めて懐妊し、女子を出産した。智海はその女子を近隣の老女に託した。七歳になった女子が、田植えの作業を行う老女の側で遊んでいたところ、槇尾寺に参詣して平城京に戻る藤原不比等《ふひと》が近くを通りがかった。不比等は田の中に全身より光を放つ女子を見出し、老女より預かって平城京に連れ帰った。この女子は光明子と名づけられたが、年長じて華麗な女性に育ち、聖武天皇の寵愛を受けるところとなる。

光明皇后は仏教の信仰心が厚く、多くの寺院を創建した。自身が育った和泉の地にも伽《が》藍《らん》を建立して安楽寺と名づけ、この安楽寺は承和六年（八三九）、和泉の国分寺とされた。国分寺は光明皇后が聖武天皇に建立を勧めたと伝わるが、国分寺建立の詔《みことのり》の出された天平一三年段階で和泉監は河内国に併合されており、和泉国が成立したのちも、永らく国分寺は置かれていなかった。このとき初めて、既存の安楽寺を国分寺として、講師や僧を配置するように規定されたのである。

藤原光明子は、のちに夫となる聖武天皇と同じ大宝元年（七〇一）に生まれた。父は律令体制の確立に貢献した藤原不比等、母は天武天皇以来後宮に仕えて隠然たる力を有した命婦・県犬養三千代《あがたのいぬかいのみちよ》で、父母ともに歴代天皇の側近として活躍した。あるいは、その母が文武天皇や聖武天皇の乳母であった可能性も想定される。

母の出自である県犬養氏は、天皇家の直轄地である河内の県を管理した一族と目され、藤原光明子の諱《いみな》である安宿媛《あすかべひめ》も、河内国安宿郡に因むものと考えられるが、和泉の地域に所在した茅渟県《ちぬのあがた》とする説も見えている。

同類の光明皇后生誕譚は三河の鳳来寺にも存在し、安楽寺と同様に光明皇后の創建といわれる寺院であることから、その関係を意識して生まれた伝承とも考えられる。ただ、和泉の場合は、光明子個人の話題に止まらない。

県犬養三千代が前夫である美努《みぬ》王との間に儲けたのが葛城王、すなわち橘諸兄《もろえ》で、諸兄は光明皇后の異父兄にあたる。天平九年（七三七）、藤原武智麻呂ら不比等の四子が天然痘により相次いで亡くなり、代わって政権を担ったのが、諸兄である。その諸兄の墓と伝える貝吹山古墳が、行基の開いた久米田寺（現・大阪府岸和田市）の西側にあり、近くには光明皇后の墓とされる光明塚古墳も所在するのである。

真偽の程はさておき、このような光明子ゆかりの遺跡・名称は、生誕の地とされる浄福寺だけでなく、その境内裏手にある母鹿の足跡石や、藤原不比等が光る女子を見出したとされる照田光田という地名、さらには、平城京に連れて行かれる光明子を母鹿が見送ったという女鹿坂など、近隣で複数見出すことが可能であり、古代史のロマンを漂わせている。

淡路

『古事記』『日本書紀』には、天浮橋からオノゴロ島に降りた伊弉諾尊《いざなぎのみこと》・伊弉冉尊《いざなみのみこと》の二神が、豊秋津洲《とよあきづしま》に先だって儲けたのが淡路洲、すなわち淡路島であるという所伝が見える。伊弉冉尊は、最後に火神・カグツチを産み落として死去するが、その伊弉冉尊に逢うために禁忌を犯して黄泉国《よみのくに》を訪れた伊弉諾尊が、戻る過程で多くの神を儲けたのち、淡路の多賀に幽宮《かくりのみや》を構えて長く居することになったという。これに因むのが、淡路国一宮とされた伊弉諾神宮（現・兵庫県淡路市多賀）で、伊弉諾・伊弉冉の両尊を祭神としている。

紀伊・淡路から阿波・讃岐・伊予・土佐の四国へと通じる道は南海道と称され、律令制下の地方行政区画である七道の一つに数えられた。四方を海に囲まれた淡路は、海産物を中心とする贄《にえ》を宮廷に貢上する御食国とされたが、それを差配したのが安曇《あずみ》氏で、淡路の海人を束ね、内膳司として宮廷の食事を掌った。大和の朝廷にとっては重要な食材の供給源で、繁く往来のあった淡路は、政争に巻き込まれるなどして宮廷より排斥された高貴な身分の人びとの移配される場所となった。

天平宝字二年（七五八）、天武天皇の孫にあたる大炊王《おおい》が、女帝・孝謙天皇より皇位を継承する。淳仁天皇である。その即位は、時の権力者藤原仲麻呂の意向によるもので、政務は仲麻呂により取り仕切られていた。やがて孝謙上皇と淳仁天皇・仲麻呂との間に対立が生じ、同八年、ついに藤原仲麻呂（恵美押勝《えみのおしかつ》）の乱が勃発する。仲麻呂は敗死し、淳仁天皇は皇位を剝奪されて淡路に送られ、「淡路廃帝」と呼ばれた。孝謙上皇が重祚《ちょうそ》して称徳天皇となったが、翌天平神護元年（七六五）、先帝を慕い淡路に赴く官人も多くいたことから、監視の強化が命じられる。さらに、この年称徳天皇が紀伊の各地を行幸すると、憤った先帝は逃亡を図り、捕えられて憤死する。

称徳天皇と異母姉妹であった不破内親王は、天武天皇の孫で臣籍に降下した塩焼王《しおやき》（氷上《ひがみ》塩焼）の妃となるが、塩焼は藤原仲麻呂の乱の際に仲麻呂と行動を共にして誅殺される。のちに、内親王所生の氷上川継が、桓武天皇の即位を不服として延暦元年（七八二）に謀反を企てたが、それが露見したことで内親王も連座して処罰され、川継の姉妹とともに淡路に移配となった。

その桓武天皇の即位に際し、皇太子に擁立されたのが、天皇の同母弟である早良《さわら》親王である。親王は出家して僧侶となり、東大寺の運営に携わっていたが、父である光仁天皇の意向を受け、兄帝の即位とともに還俗して立太子した。ところが、長岡遷都翌年の延暦四年に、造営を主導した藤原種継が遷都反対派により暗殺されると、その一味として捕えられ、京内の乙訓寺《おとくにでら》に幽閉された。親王は無実を主張したが聞き入れられず、淡路に送られることになる。親王は飲食を絶ち、護送の途中淀川にかかる高瀬橋のところで最期を迎えた。

親王の遺体はそのまま淡路に送られ葬られたが、この事件の三年後、桓武天皇の妃である藤原旅子が薨去する。翌年には天皇の母・高野新笠《たかののにいがさ》、さらに延暦九年には皇后・藤原乙《おと》牟漏《むろ》、妃である坂上又子《さかのうえのまたこ》と、天皇の近親が相次いで世を去り、早良親王に替わって立太子した安殿《あて》親王が病となった。この年、天平期以来の天然痘が流行し、多くの死者が出たが、淡路の早良親王の墓に墓守が置かれ、郡司に墓の管理を命じている。

安殿親王の病は幾年にも及び、早良親王の霊障と卜定《ぼくじょう》されると、使者が淡路に派遣されて親王への謝罪が行われ、延暦一九年には、親王に天皇号が贈られて崇道《すどう》天皇と称し、その墓は山陵として扱われた。それでも霊障は収まらず、同二四年、淡路に寺院が建立され、さらに陵墓を淡路から大和に移すこととされた。その甲斐無く、翌年桓武天皇は崩御する。

奈良市東南部の八島町に崇道天皇の陵墓・八島陵が所在するが、淡路市仁井の天王の森が、もとの早良親王の墓と伝えられる。

紀伊

牟婁温湯《むろのゆ》といえば、斉明天皇や持統天皇といった古代の女帝が行幸したことで知られる名湯である。紀温湯とも表記されるこの湯は、現在も多くの客を集める紀州灘沿岸の白浜温泉を指すと考えられるが、熊野山中の湯の峰温泉とする説もある。大和からすれば紀伊は隣国で、神武天皇がこの地から大和に入ったという伝承があるように、朝廷と縁の深い地域であった。

史上に牟婁温湯が初めて登場するのは、『日本書紀』斉明三年（六五七）九月条で、大化改新という政治改革を推し進めた孝徳天皇の皇子である有間皇子が湯治に訪れ、この地の景観を褒《ほ》めた。それを耳にした斉明天皇が、翌年一〇月、皇太子の中大兄皇子らとともにこの温湯をたずねたが、このとき悲劇が起こった。

孝徳天皇は、皇極四年（六四五）六月に起こった、中大兄皇子・中臣鎌足らによる蘇我入鹿暗殺に始まる乙巳《いっし》の変で蘇我本宗家が滅んだ後、姉である皇極天皇の譲位を受けて即位した天皇である。中大兄皇子を皇太子とし、難波に遷都して政治の刷新を図ったが、やがて中大兄をはじめとする多くの要人と対立し、皇極上皇や中大兄らは大和に引き上げ、天皇一人が難波に取り残されて崩御することになる。その後、皇極上皇が重祚して斉明天皇となり、中大兄皇子が朝政を取り仕切った。

蘇我入鹿が天皇への擁立をもくろんだ古人大兄皇子《ふるひとのおおえ》は、乙巳の変後、皇極天皇から譲位を打診された軽皇子が天皇に推挙したのに対し、これを固辞して出家し、吉野に隠棲した。結局軽皇子が即位して孝徳天皇となるが、程なく謀反を企てたとして中大兄皇子により追討された。また、蘇我入鹿暗殺に加担し、事後右大臣の地位についた蘇我倉山田石川麻呂も、大化五年（六四九）に謀反を訴えられ、氏寺である山田寺で非業の最期を遂げることとなった。

このように、中大兄皇子が政敵と目される人物を次々と葬り去っていたことから、孝徳天皇崩御により中大兄皇子にとって好ましからぬ存在となった、その遺児である有間皇子は、粛清を恐れて精神的な病を装ったとされる。

斉明天皇や中大兄皇子が牟婁温湯に出かけた際、大和に留まっていた有間皇子に対し、留守官の蘇我赤兄《あかえ》が斉明天皇の失政を訴えた。気を許した有間皇子は、赤兄に挙兵の志を告げる。すると赤兄は兵を遣わして有間皇子の宅を包囲し、皇子を捕捉して紀伊の牟婁に送致する。中大兄皇子自ら有間皇子を訊問し、反逆の理由を尋ねると、有間皇子は、「天と蘇我赤兄とが承知していることで、自分には全く理解できない」と、謀略を訴えたという。

その後、有間皇子は藤白坂（現・和歌山県海南市藤白、ただし異説もある）に連行されて絞殺された。有間皇子が自身を悲傷して詠んだ二首の歌が『万葉集』に収められている。

有間皇子が自ら傷みて松ヶ枝を結ぶ歌二首

磐代《いはしろ》の　浜松が枝を　引き結び　ま幸《さき》くあらば　またかへり見む　（巻二—一四一）

家にあれば　笥《け》に盛る飯《いひ》を　草枕　旅にしあれば　椎の葉に盛る　（巻二—一四二）

伊賀

大和国山辺郡から伊賀国名張郡（現・三重県名張市）にかけて、東大寺に木材を供給する杣《そま》が存在した。板蝿杣《いたばえのそま》で、天平勝宝七歳（七五五）に、伽藍造営の途上にあった東大寺に孝謙天皇が施入した杣であるが、そこで働く杣人と呼ばれた人びとは、伊賀国の黒田村で自らの生活のために田地を設営し、杣内での出作《でづくり》を行った。平安中期の一一世紀には、杣の領域が確定されるとともに、そこの住民には、臨時雑役《りんじぞうやく》と総称されるさまざまな負担の免除が権利として認められ、黒田荘という東大寺領荘園の基盤が成立した。

東大寺は荘園の拡大を図り、荘民は荘園以外の公領にも出作に赴いて、その田地にも権利の適用を訴え、また近隣の農民も、利点に着目して寄人《よりうど》という荘園所属の民になることを望んだことから、公領侵害の危機感を抱いた国司は、黒田荘の出作地であることを標示する札を引き抜き、官物（租税）の納入を要求した。東大寺がこれを拒否すると、実力行使に出て家屋を焼き出作地の収公を宣したため、争論が生じて、朝廷の裁断を仰ぐことになった。改めて荘域の認定が行われ、その面積は一旦制限されたが、逆に、このとき公認された荘域は、将来にわたって国司の使者の立ち入りや課役免除の特権が保証され、不輸不入の権限を持つ荘園が確立することになった。

関連史料が多く残存し、荘園成立の具体的な経緯が知られることから、東大寺領黒田荘は、土地制度史の概説などで多く取り上げられている。こののちも争論は頻繁に発生し、現地の管理者である荘官と荘園領主である東大寺との間でも、やがて対立が生じた。鎌倉後期には、現地を押さえて東大寺への年貢の納入拒否を図る勢力は、領主から悪党（黒田悪党）と呼ばれ、その禁圧が幕府に訴えられた。

伊賀国の南部に位置した黒田荘に対し、北部の阿拝郡《あはいあえ》（現・三重県伊賀市）には、同じく玉滝荘という東大寺領荘園があった。黒田荘と同様に、玉滝杣という木材供給地から発展したが、この玉滝杣は、もと橘氏の墓地として伝わった地を一〇世紀に橘元実《もとざね》が杣として東大寺に寄進したものである。この杣を拠点に東大寺が領地の拡大を図り、一一世紀中葉に国司との間で争いが生じたが、のち、この地に荘園を営んだ平氏との争論が生じ、鎌倉末期には、「名誉の大悪党」と呼ばれた服部持法《じほう》ら悪党に押領されるという、黒田荘とよく似た経緯を辿った。

黒田荘の南、名張市赤目町一ノ井にある真言宗豊山《ぶざん》派の極楽寺には、松明《たいまつ》講という組織があり、毎年二月に松明山から八〇〜一〇〇年経った檜を伐り出し、一尺二寸に調整した松明の木片を青竹の両端に括《くく》りつけた五荷を製作する。三月一〇日に調進の法要が営まれ、その二日後に、松明衆の一団は五荷を笠間峠を越えて東大寺に搬入し、この日二月堂で行われている、俗にお水取りと呼ばれる修二会に参詣して、翌朝名張に戻る。彼らが運んできた松明は、一年間保管され翌年の修二会の行法に用いられる。

極楽寺は、鎌倉時代初めの後鳥羽天皇の時代に、この地で勢力を持っていた道観という長者により開創されたと伝える。道観は若狭の南無観という長者と協力して、平氏の焼き討ちを受けた東大寺の二月堂を再建したが、この道観長者が二月堂への松明の寄進を遺言したという。一方、東大寺に伝わる古文書には、この地にいた聖玄という僧が、宝治三年(一二四九)、松明の費用にと六段の田地を寄進したとあり、聖玄は道観長者の末子・小太郎であったともいわれている。その頃から七五〇年以上にわたり、毎年松明の調進が続けられてきたことになる。

大和に隣接する伊賀は、少なからずその政治や文化の影響を受け、とりわけ東大寺とのつながりについては、多くの伝承や残存する史料に興味深い内容が見て取れる。

伊勢

伊勢神宮の内宮、皇大神宮には皇室の祖先神である天照大神が、外宮すなわち豊受《とようけ》大神宮には豊受大神が祭られ、多くの人が参詣する。この神宮が成立した経緯について、次のように伝えられる。

天孫・瓊瓊杵命《ににぎのみこと》が降臨する際、天照大神は八咫鏡《やたのかがみ》に自身の霊を込めて授けた。代々の天皇はこの鏡を身近なところに置いていたが、崇神天皇の時代、疫病で多くの死者が出た際に外に持ち出され、垂仁《すいにん》天皇の皇女である倭姫命《やまとひめのみこと》が鎮座の場を求めて巡り歩き、伊勢に至って天照大神の託宣を得、この地に奉祭した。一方、外宮は、雄略天皇の時代に、やはり天照大神の託宣により、その食事を掌る神として、丹波（のち丹後）の真奈井原から豊受大神が遷座したという。

伊勢神宮の成立の時期については諸説あり、また内宮は、当初の多気郡より度会《わたらい》郡の地に遷されたともいわれるが、七世紀後半の天武・持統朝に、祭祀の制度や施設が整備されたと考えられる。それに伴い、神宮の近隣に住して奉仕する役割を帯びた斎宮《さいぐう》が設けられ、天皇の皇女が派遣された。その中には、古代史上よく知られた皇女が含まれている。

初代の斎宮とされる大来《おおく》皇女は、天武天皇と大田皇女（天智天皇の娘）との間に生まれた皇女で、天武二年（六七三）に斎宮に卜定され、翌年伊勢に下向した。朱鳥元年（六八六）、同母弟・大津皇子が謀反のかどで粛清されたため退下したが、次の一首を含め、当時の悲劇を偲ばせる彼女の歌六首が、『万葉集』に収められている。

うつそみの　人なる我や　明日よりは　二上山を　いろせとあが見む（巻二―一六五）

養老五年（七二一）に卜定され神亀四年（七二七）に下向した井上内親王は、聖武天皇と県犬養広刀自《あがたのいぬかいのひろとじ》との間に生まれた皇女で、天平一六年（七四四）に同母弟・安積親王の薨去により退下するまで、一七年間斎宮をつとめた。のち、天智天皇の孫にあたる白壁王の妃となり、酒人女王と他戸《おさべ》王を儲ける。宝亀元年（七七〇）、白壁王が即位すると（光仁天皇）皇后となり、他戸王が立太子する。ところが、その二年後に夫帝を厭魅《えんみ》した罪で皇后を廃され、やがて皇太子を廃された他戸王とともに大和国宇智郡（現・奈良県五條市）に幽閉され、宝亀六年四月二七日に母子揃って卒去したと伝える。

母と弟が失脚した際、酒人内親王は突如斎宮に卜定され、宝亀五年に伊勢に下向したが、翌年、両者の卒去により退下する。その後、他戸に代わって皇太子となった異母兄に当たる山部親王、すなわちのちの桓武天皇の室に入り、同一〇年に朝原内親王を出産する。彼女の薨伝によれば、夫帝の寵愛甚だしく、わがままな性格でありながら好き勝手にさせられていたという。

その娘である朝原内親王も、延暦元年（七八二）に斎宮に卜定され、三年後に伊勢に下向した。異例ながらこの下向を見送るため、桓武天皇が長岡京から平城京へ行幸した際に、有名な藤原種継暗殺事件が勃発する。その後一〇年半斎宮をつとめ、延暦一五年に退下するが、母と同様に、異母兄にあたる皇太子・安殿親王、のちの平城《へいぜい》天皇の妃となる。つまり、井上・酒人・朝原という三代にわたる内親王が、斎宮をつとめた後に、やがて即位する天皇の室に入ったことになるが、さまざまな異変に翻弄されて、数奇な運命を辿った。

朝原内親王は、夫・平城天皇が退位の後、弘仁元年（八一〇）に弟・嵯峨天皇との間に争乱を引き起こすと、その二年後に妃を辞し、子を儲けることなく薨去する。これにより、聖武天皇の血統は絶えることになった。

V　三都ゆかりの地域の風土記

近江と越前

近江と山城の国境に位置する岩間山の中腹にある真言宗・正法寺《しょうほうじ》（岩間寺、現・大津市）は、養老六年（七二二）に越前の僧・泰澄《たいちょう》が、元正天皇の念持仏《ねんじぶつ》であった千手観音をその胎内に納めた等身の観音像をこの地に祀ったのが開基とされる。泰澄といえば、越前と加賀・美濃から登山道（禅定道《ぜんじょうどう》）が設けられた日本三名山の一つ、霊峰・白山《はくさん》を行場として開拓し、のちに全国に展開する白山信仰の礎を築いた僧として知られている。

その伝記によれば、泰澄は天武一一年（六八二）に越前の麻生津《あそうづ》（現・福井市）に生まれ、越智山（現・越前町）で修行を積んだ後、養老元年に白山に入り、白山神の本地仏である十一面観音を感得した。同六年に平城京に赴いて元正天皇の看病に従事し、「神融禅師」という号を賜るが、正法寺はこのときに開かれたことになる。天平八年（七三六）には入唐学問僧・玄昉《げんぼう》を訪ねて再び都に赴き、『十一面経』を授けられた。翌年、朝廷が天然痘の災禍に見舞われると、十一面法を修して収束に尽力し、聖武天皇より泰澄の諱《いみな》を賜ったと伝える。

越前と大和を往来したとされる泰澄であるが、たしかに、両国を結ぶライン上に、泰澄ゆかりの寺院や白山神社が多く所在している。また、白山信仰の本尊ともいうべき十一面観音についても、大和から山城・近江を経て若狭へと続くライン上に、多くの優れた十一面観音像が残されており、代表的な事例である滋賀県長浜市の渡岸寺《どうがんじ》十一面観音立像も、泰澄の作にかかり、天平八年に上京した際に建立した光眼寺に安置したといわれている。

白山周辺の地域に残る伝泰澄作の十一面観音像には、禅定を象徴するように坐像が多く、上述のライン上の立像とは異なる要素も存在するが、いずれにせよ、多様な表情を示す複数の顔を持つ十一面観音像は、その容貌が刻々と変化する白山のイメージと重なり合う部分が大きく、このことが白山と十一面観音を結びつけた要因と考えられる。泰澄の実在性とともに、史実と見なし難い部分も存在するものの、泰澄の伝記や各地の伝承には、何某かの実態を反映したと認められる要素が含まれ、興味深い内容を有している。

白山のように神として崇められてきた霊峰は、仏道修行を志す僧にとって、仏・菩薩との出会いが期待できる格好の行場と受け止められ、その活動を通じて神と仏の習合を導く役割を果たした。平安時代になって、密教の隆盛とともに山岳信仰は高まりを見せ、各地に霊峰を遥拝《ようはい》する施設も設けられた。白山の例では、近江の湖南三山の一つ、鎌倉期の本堂（国宝）がある天台宗の長寿寺（現・湖南市）の境内に、鎮守の白山神社が祭られるが、その社殿は白山の方角を背に設けられている。

近江と美濃の国境に聳《そび》え、日本武尊《やまとたけるのみこと》が死に至る傷を負った山として知られる伊吹山も、泰澄が行場を開いたと伝え、平安期になって中腹に弥高寺《やたかじ》が建てられた。このように、畿内・近江と北陸との間で多くの交流があり、文化の伝播が生じたことが確認される。それは決して政治の中心である都周辺から地域へという一方向的なものでなく、白山信仰のように、北陸から畿内への展開といった逆方向の事例も存在したことに注目する必要があろう。

伊予の湯泉

日本には、名湯と呼ばれる温泉がたくさんあるが、その中でも、有馬温泉・白浜温泉とともに日本三古湯の一つに数えられる伊予（愛媛）の道後温泉は、古代より多くの伝を残している。

『伊予国風土記』は、次のような話を伝えている。葦原中国《あしはらのなかつくに》の国造りを進めていた大《おお》穴持命《あなもちのみこと》（大国主命《おおくにぬしのみこと》）が、協力者である宿奈毗古那命《すくなひこなのみこと》の甦生《そせい》を図るべく、豊後水道を挟んで対岸・大分の速見郡の湯（別府温泉）を、地下水道を通じて伊予に引き込み、その身体を湯に浸した。すると、宿奈毗古那命はすぐに覚醒し、「しばらく寝込んでしまった」と、何事もなかったように言葉を発して、力強く足踏みをしたが、その足跡が湯の中の石に残ったという。この石は、現在道後温泉本館の北側に「玉の石」として所在する。

その後、景行天皇、仲哀天皇、聖徳太子、舒明《じょめい》天皇、皇極天皇と、歴代の天皇や皇后・皇子がこの湯を訪れた。法興六年（推古四年、五九六）に高句麗僧・慧慈《えじ》や葛城臣小楯を伴って来訪した聖徳太子は、「神の井」とされたこの温泉を、その環境も含めて大いに褒め称えた文章を作したが、これを刻んだ碑が湯の岡の辺に建てられた。多くの見学者を導いたこの岡は、伊社邇波《いさにわ》の岡と呼ばれるようになった。この岡に式内社・伊佐邇波神社が鎮座し、一四世紀に伊予国守護・河野氏がここに湯築《ゆづき》城を築いた際に、神社は現在の道後山に遷《うつ》された。寛文七年（一六六七）に建立された八幡造の本殿や申殿《もうしどの》などの社殿は、重要文化財に指定されている。

舒明一一年（六三九）、天皇は皇后とともにこの地の伊予温湯宮《いよのゆのみや》に行幸《ぎょうこう》し、五ヶ月間滞在した。その皇后が二度目の皇位についた斉明天皇の六年（六六〇）、唐と新羅の連合が百済を滅ぼし、百済の復興を目論んだ遺臣・鬼室福信《きしつふくしん》が、百済王子・豊璋の返還と軍事支援を求めてきた。時の朝廷はこれに応じ、翌七年、遠征軍を編成して派遣すべく、天皇自ら出御し、御座船で瀬戸内海を西へと進む。目的地である北九州・筑前に至る途上、一行は伊予の熟田津《にぎたづ》に寄り、石湯行宮《いわゆのかりみや》に留まった。

熟田津に　舟乗りせむと　月待てば　潮もかなひぬ　今は漕ぎ出でな

（『万葉集』巻一―八）

額田王《ぬかたのおおきみ》の代表作として教科書などにも取り上げられるが、山上憶良によれば、実はこの歌は、かつて夫・舒明天皇と同行したことを懐古した斉明天皇自らが詠んだ歌であり、額田王の歌は、これとは別に四首あったという。この筑紫行幸には、皇太子・中大兄皇子やその弟の大海人皇子らも同行していた。大海人皇子の子である大伯《おおく》皇女や草壁皇子は、この行幸の途上に生まれている。斉明天皇は、七年七月に筑前の朝倉橘広庭宮で崩御する。

奈良時代を代表する万葉歌人・山部赤人は、伊予国の来目部小楯《くめべのおだて》の末裔といい、伊予の温泉に赴いて次の長歌と短歌を詠んだ。道後温泉本館の「神の湯」男湯東浴室の湯釜には、長歌が刻まれている。

皇神祖《すめろき》の　神の命《みこと》の　敷きいます　国のことごと　湯はしも　さはにあれども　島山の　宜しき国と　こごしかも　伊予の高嶺の　射狭庭《いざには》の　岡に立たして　歌思ひ　辞《こと》思ほしし　み湯の上の　木群《こむら》を見れば　臣の木も　生ひ継ぎにけり　鳴く鳥の　声も変はらず　遠き代に　神さび行かむ　行幸処《いでましところ》
（『万葉集』巻三―三二二）

ももしきの　大宮人の　熟田津に　舟乗りしけむ　年の知らなく（『同』巻三―三二三）

盧舎那大仏造立と陸奥の産金

天平七年（七三五）、北九州で発生した天然痘は多くの被害をもたらし、同九年にはついに平城京がその疫禍に見舞われた。政権を担っていた藤原武智麻呂《むちまろ》ら四兄弟は相次いで病死し、聖武天皇の朝廷は大きく動揺する。同一二年、天皇は平城京から東国に行幸し、新たに山背国恭仁《くに》京、ついで摂津《せっつ》の難波《なにわ》京が都と定められ、同一七年に平城京に戻るまで、朝廷が各地を転々と移動することになった。

天平一二年、東国に赴く前に難波京へ行幸した聖武天皇は、寺院が林立して宗教都市の様相を呈していた河内《かわち》国大県《おおがた》郡（現・大阪府柏原市）の智識寺に立ち寄って丈六の盧舎那仏像を拝し、自らその造立《ぞうりゅう》を志すに至る。翌年には諸国に国分寺と国分尼寺を建立する詔《みことのり》が出されたが、さらにその二年後に、今度は盧舎那大仏造立の詔が発せられ、近江国の紫《し》香楽《がらき》で事業が開始された。やがて都が平城に戻ると、その事業は平城京の東方、現在も東大寺大仏が鎮座する場で継承されるところとなる。

近隣には、かつて聖武天皇が遺児・基王《もとい》のために建立した金鐘山房《こんじゅ》（金鐘寺）や、光明皇后が娘・阿倍内親王のために建てたとされる福寿寺といった寺院が所在した。盧舎那大仏の造立に伴い、これらの寺院を統合して、大養徳《やまと》国金光明寺、さらに東大寺と称された。天平二一年（七四九）の頃には、青銅製の大仏の外形がほぼ出来上がったが、困ったことに、計画にあった大仏の表面を覆うべき金が不足する。未だ日本国内で金は産出されず、全て大陸や朝鮮半島からの渡来品で、到底必要量を満たすものではなかった。

そのような折に、陸奥国より金が産出したという知らせが入り、現物が送られてきた。歓喜した天皇は、光明皇后・阿倍内親王や百官を率いて大仏にその旨を報告する。このとき、大仏に北面した天皇は、自らを「三宝の奴《やっこ》」と称した。天皇の北面というのは全く異例の姿勢で、儀式の場で天皇は常に南面する存在であった。さらに、現人神《あらひとがみ》とされた天皇が仏の下僕と自称したことは、その存在意義を大きく変える行為といえた。金の産出を言《こと》祝《ほ》ぎ、年号も天平から天平感宝と改められた。

数年来身体の不調を訴えていた聖武天皇は、仏の力に頼ることでそれを克服しようとしたが、ついに、仏教者の世界に身を投じるべく、男性の天皇としては史上初めてとなる生前退位を敢行し、出家して「太上天皇沙弥勝満《だじょうてんのうしゃみしょうまん》」と称し、薬師寺宮に入る。天皇の出家、それは、多くの仏教経典に登場する、転輪聖王《てんりんじょうおう》という、厚い信仰心を持つ理想的な君主の姿を志向するものであったが、このような経緯で、女性初の皇太子であった阿倍内親王が即位し（孝謙天皇）、天平勝宝という新たな年号に改めた。

この頃、九州・豊前の宇佐八幡神が、諸々の神祇を率いて大仏造立を支援する旨の託宣を下し、平城京に勧請《かんじょう》された。このように、先例のない天皇の行動は、これ以降急速に進展する神仏の混淆《こんこう》を導くきっかけとなったのである。崩御後大仏に献じられた正倉院宝物には、聖武太上天皇着用とされる袈裟が複数伝わっている。

ところで、天平二一年に金の産出を朝廷に報告したのは、百済王《くだらのこにきし》敬福《きょうふく》という、七世紀後半に滅亡した百済の王族の子孫であった。多数の百済遺民が日本列島に渡来し、朝廷でも重要な役割を果たしたが、彼らがもたらした技術や知識・情報は、日本の社会の発展に大いに寄与していた。敬福が陸奥国の国司に任命され、その地に赴いたのも、あるいはその配下に、金属の鉱脈の開掘に優れた技術者を従えていた可能性があり、期待通りの役割を果たした敬福には、従三位という高い位階が与えられた。北河内にあった百済王氏の拠点（現・大阪府枚方《ひらかた》市）には、敬福が建立した百済寺の跡が残り、特別史跡に指定されている。

金が算出した陸奥国小田郡、現在の宮城県遠田郡涌谷町の地には、黄金山《こがねやま》神社が鎮座し、当時の遺跡も検出され、砂金も採取されている。こののち、周囲で多くの金脈が開拓され、中尊寺金色堂に象徴される、奥州の豪壮華麗な文化を出現させることになった。

吉備の古代

吉備の地域は、大和に引けを取らず、古代史の宝庫である。備中一宮の吉備津神社（現・岡山市）は、第一〇代崇神天皇の時代に四道《しどう》将軍の一人としてこの地域に遣わされた吉備津彦命を主祭神とし、社殿の一つ・御釜殿（国重文）で行われる鳴釜《なるかま》の神事は、吉備津彦命に成敗されこの地に葬られた温羅《うら》という鬼の首に因むと伝えられる。本殿は比翼入《ひよくいり》母屋《もや》造という独自の様式の屋根を持つ室町期の建造物で、拝殿とともに国宝に指定されている。備前一宮である吉備津彦神社（現・岡山市）、備後一宮の吉備津神社（現・広島県福山市、本殿は国重文）も、同じく吉備津彦命を主祭神としている。

古伝承を裏づけるように、この地域には、畿内との関係をうかがわせる多くの遺跡が存在する。弥生時代の墳丘墓である楯築《たてつき》遺跡などで出土するこの地域特有の特殊器台と呼ばれる土器は、大和の初期古墳である箸墓《はしはか》古墳などで見つかっている。また、造山古墳（墳丘長三五〇メートル、五世紀前半）と作山古墳（同二八二メートル、五世紀中葉）は、それぞれ全国で第四位・第一〇位の規模を持つ前方後円墳で、大和に匹敵する勢力がこの地を治めていたことが想定される。ちなみに、『日本書紀』には、五世紀後半の雄略天皇の時代に、吉備下道臣《しもつみちのおみ》前津屋《さきつや》や吉備上道臣《かみつみちのおみ》田狭《たさ》といったこの地の有力豪族が、天皇に反旗を翻したとする所伝が見えている。

この田狭や、田狭の子である弟君《おときみ》、吉備海部直赤尾《あまのあたいあかお》といった人物が、朝鮮半島に渡ったとされるなど、対外関係においても多くの足跡を残していることに興味が引かれる。時代が下るが、斉明六年（六六〇）、百済救援のため朝鮮半島への出兵を決意した天皇は難波に移御し、翌年には瀬戸内海を西進して筑紫へと向かうが、その途上、備中国下道郡（評）（現・岡山県倉敷市）で二万の兵力を得た。喜んだ天皇はこの地を二万郷《にまごう》と名づけたといい、現在も上二万・下二万という地名が残っている。同じく、このとき従軍し、無事帰還することを神祇に祈願した備後国三谷郡（現・広島県三次市）の大領は、半島遠征より帰国後三谷寺を建立したという。

この地域の出身者で、中央で活躍した代表的な人物といえば、吉備真備《きびのまきび》を挙げることができる。真備は上記の備中国下道郡を本拠とする豪族・下道氏の出身で、阿倍仲麻呂らとともに霊亀二年（七一六）に留学生として唐に渡り、天平七年（七三五）、多数の書籍を携えて帰国する。光明皇后らの寵遇を受け、橘諸兄《もろえ》政権下ではブレーンとして活躍したと目され、天平一二年の藤原広嗣の乱は、僧正玄昉と真備の排除を求めて引き起こされた。一方で、女性初の皇太子である阿倍内親王（のちの孝謙天皇）の学士（教育係）を務め、吉備朝臣の氏姓を賜り、従四位上の位に昇ったが、藤原仲麻呂の政権下では冷遇され、九州に追いやられた。天平宝字八年（七六四）、その仲麻呂と対立した孝謙太上天皇により真備は中央に戻され、争乱に際しては軍務を参謀して太上天皇方を勝利に導いた。以後、重祚《ちょうそ》した称徳天皇により、地方豪族出身としては異例の右大臣にまで昇任して政務に携わった。

この称徳朝で、天皇が仏教の師と仰ぎ、太政大臣禅師から法王の地位に昇った道鏡の皇位継承問題が勃発する。神護景雲三年（七六九）、豊前・八幡神の託宣の真偽を確かめるべく、宇佐に派遣された和気清麻呂《わけのきよまろ》は、天皇の期待に背き道鏡の即位を戒める報告を行って勘気に触れ、別部穢麻呂《わけべのきたなまろ》と改称して大隅《おおすみ》国に配された。その後、光仁天皇により召還されて本位に復したが、この清麻呂も、もと吉備藤野和気真人清麻呂と称されたように、備前国藤野郡（のち和気郡、現・備前市、和気町等岡山県東部）を本拠とする氏族の出身で、桓武朝には、美作《みまさか》・備前二国の国造の地位にあった。

和気清麻呂が建立し、境内にその墓が営まれたのが高雄山寺、のちの神護寺（現・京都市右京区）で、清麻呂の子で桓武天皇の信任を得た広世や真綱がこの寺に最澄を招いて法会を催し、天台宗の宣揚に寄与した。のちには、空海もこの寺に入り、ここで最澄やその弟子に灌頂《かんじょう》を授け、真言宗の拠点寺院の一つとなるなど、平安仏教の胎動に大きな役割を果たすところとなった。

大伴家持と越中国

『万葉集』二〇巻・四千五百余首のうち一割を超える多くの作品を遺すのが、選者ともいわれている大伴家持《おおとものやかもち》である。その名が広く知れ渡り、代表的万葉歌人として押しも押されもせぬ位置を占める家持であるが、彼は古代の名族・大伴氏を代表する存在で、律令貴族としてさまざまな官職を歴任した。

家持と同様に歌人として有名な大伴旅人《たびと》の嫡男として生まれた家持は、天平一七年（七四五）に従五位下に叙され、貴族の仲間入りを果たす。その翌年、国守として越中に赴任し、当地の優れた情景を詠み込んだ多くの歌を作した。当時越中の国府は、富山湾沿岸、射水《いみず》郡の地（現・富山県高岡市伏木国府）に置かれていた。

『万葉集』巻一七に収載された大伴家持の歌は、まるで歌日記のように、詠んだ月日や場所など、その経緯まで克明に記されている。家持は、東に富山湾を隔てた地で、遥望する立山連峰の情景を歌に詠んだ。天平一九年四月二七日に作した「立山の賦一首あわせて短歌」には、神山としての立山の雪渓が記される。

天離《あまざか》る　鄙《ひな》に名かかす　越の中　国内《くぬち》ことごと　山はしも　しじにあれども　川はしも　多《さは》に行けども　皇神《すめかみ》の　領《うしは》きいます　新川の　その立山《たちやま》に　常夏に　雪降り敷きて　……

立山に　降り置ける雪を　常夏に　見れども飽かず　神からならし

（巻一七―四〇〇〇・四〇〇一）

紛れもなく、すでに大伴家持の時代から、立山は神の坐《いま》す山として崇拝の対象とされていた。霊山・立山に対する信仰は、本格的に密教が導入され、やがて浄土信仰が盛んとなる平安時代以後に発展し、多くの参詣者（登拝者）を集めることになる。それ以前より、季節により容貌を変じる立山は、越前の白山と同様に、神の山として受け止められていたのである。

大伴家持が在任した当時、西隣の能登半島も、越中国の一部に組み込まれていた。そのため、国守である家持はこの地域を巡検し、各地の風景を歌に詠み込んでいる。

気太（気多）神宮に赴き参り、海辺を行く時に作る歌一首

之乎路《しをぢ》から　ただ越え来れば　羽咋《はくひ》の海　朝なぎしたり　舟梶《ふねかぢ》もがも

（巻一七―四〇二五）

能登郡にして香島の津より船を発し、熊来村をさして往く時に作る歌二首

とぶさ立て　舟木伐るといふ　能登の島山　今日見れば　木立繁しも　幾代神《いくよかむ》びそ

香島より　熊来をさして　漕ぐ舟の　梶とる間なく　京師《みやこ》し思ほゆ

（巻一七―四〇二六・四〇二七）

天平勝宝三年（七五一）七月、家持は少納言に任ぜられ、越中の地を去る。五年ぶりに

平城京に戻ると、朝廷では、橘諸兄から藤原仲麻呂へと政権の推移が生じていた。その仲麻呂政権下で天平宝字元年（七五七）に生じた橘奈良麻呂の乱では、越中赴任時に配下の掾《じょう》（国司の第三等官）であった大伴池主や、大伴古麻呂・大伴古慈斐《こしび》といった同族の官人が連座して処罰され、家持自身も、同七年に藤原良継が企てたクーデター計画に加担するが、良継が自分一人の謀略と主張したことで、何とか難を逃れた。

のち、桓武天皇即位直後の延暦元年（七八二）に生じた氷上《ひがみ》川継の乱にも連座して、一旦官職を解かれる。さらに、同四年の藤原種継暗殺事件においては、その直前に中納言従三位という公卿の地位にあるまま死去した家持であったが、謀議に加わっていたとして除名され、子息も流罪となった。このように、万葉歌人としての優雅なイメージとは裏腹に、官人家持は波瀾万丈の生涯を送ることになるのである。

下野の仏教文化

八世紀初頭、下毛野子麻呂《しもつけののこまろ》なる官人が、刑部《おさかべ》親王や藤原不比等《ふひと》らとともに大宝律令の撰定に携わり、諸王・諸臣に対して大宝令を講説した。その功績により禄や田・封戸などを賜った子麻呂は、兵部卿や式部卿などの要職を歴任したが、下毛野氏という氏族は下野国（現・栃木県）の国造で、その祖先は、崇神朝に東国に派遣された豊城入彦命《とよきいりひこのみこと》であるという。君《きみ》姓の下毛野氏は、天武一三年（六八四）に朝臣の姓が与えられる。この天武朝に、一族の故郷である下野の地に薬師寺が建立された。一説には、子麻呂の創建と伝える。

下野薬師寺がいつの時点で官寺としての扱いを受けることになったのかなど、定かでない部分も大きいが、天平五年（七三三）にはこの寺院の造営にあたる官司が存在しており、次第に伽藍《がらん》が整えられたと考えられる。天平勝宝元年（七四九）、寺院単位で開墾の許される田地の面積が、法隆寺や四天王寺など中央の官寺や筑紫の観世音寺と並び、五〇〇町と規定され、間違いなく東国の官寺として扱われていた。

同六年、唐より鑑真が来朝した年に、薬師寺の行信《ぎょうしん》なる僧が厭魅《えんみ》を行ったかどでこの寺院に流された。行信といえば、聖徳太子の功績顕彰や斑鳩《いかるが》宮跡地に法隆寺東院伽藍を造立することに尽力した僧で、現存する法隆寺夢殿にその塑像（国宝）が安置されている。天平一〇年代には、僧綱《そうごう》として仏教行政を取り仕切った痕跡を留めるが、その出自など謎の部分が大きく、宇佐八幡神の神官と結託して引き起こしたという厭魅事件も、具体的な中身はわからず、下野に配されて以降の動向も全く定かでない。

行信配流の一六年後の宝亀元年（七七〇）に、同じくこの地に配流となったのが、著名な道鏡である。称徳天皇の寵遇を受け、太政大臣禅師から法王へと昇任し、さらには、宇佐八幡神の託宣により皇位の継承が取り沙汰された道鏡であるが、女帝の崩御により失脚を余儀なくされ、造下野薬師寺別当としてここに遣わされることになる。道鏡は二年後に死去し、庶人の扱いでこの地に葬られた。

一人前の僧侶となるには、得度と受戒の二つの階梯を経る必要があり、朝廷の公認する受戒の場は、大和の東大寺と、東国の下野薬師寺、西国の筑紫観世音寺の三寺院に設置された戒壇に限られていた。下野の地に東国の戒壇が置かれた理由としては、先述の下毛野子麻呂といった中央で活躍した官人の動向もさることながら、天武朝に多くの新羅人が配されるなど、この地が文化的に先進性を有したことに注目する必要がある。

下野薬師寺に戒壇が置かれたのは、一説には天平宝字五年（七六一）とされるが、このころ東国出身で鑑真の教えを受けた道忠《どうちゅう》という僧が下野に赴き、戒壇の設立に尽くしたといわれる。道忠は、延暦一六年（七九七）に十禅師《じゅうぜんじ》に任じられて比叡山を下った最澄の要請を受け、一切経の書写を助けたとされる。この道忠門下の円澄《えんちょう》が最澄の高弟となり、天長一〇年（八三三）に第二代天台座主《ざす》の地位につく。同じく道忠門下の広智《こうち》は、弘仁八年（八一七）、東国巡化に訪れた最澄より下野国大慈寺で大乗戒を受けるが、広智が育成した円仁《えんにん》が天台宗の発展に大きく寄与するなど、下野にゆかりのある僧が初期天台教団で要職につき、平安仏教の胎動を導く要因となるのである。

安芸の造船と長門島（倉橋島）

推古二六年（六一八）、造船のために河辺臣が安芸国に遣わされた。良材を見つけ伐採しようとしたところ、地元の人が、「この木は雷神の木であるから伐ってはならない」と忠告する。河辺臣は、「たとえ雷神の木であっても天皇の命に逆らうことはできない」といい、幣帛《へいはく》をささげて人夫に伐採させた。そのとき大雨が降って雷が落ちた。河辺臣は剣を手でさすり、「雷神よ、人夫を傷つけるな、我が身を傷つけよ」と告げ、雷神の反応を仰いだが、十数度雷が轟いても河辺臣を害することができず、雷神は小さな魚になって木の枝に挟まった。その魚を取って燃やし、船を造ったという。

七、八世紀を通じて、安芸国で造船を行ったという記事は複数見受けられ、百済や唐への遣使に使用する船舶がこの地で設《しつら》えられた。沼田郡・安芸郡・高田郡といった各地に、「船木郷」という造船に因む地名の存在が認められる。安芸郡に属する倉橋島はかつて長門島と呼ばれ、中世においても和船の産地として知られ、準構造船という瀬戸内海を航行する細長い船がこの島の浦で建造された。島南部の磯辺と呼ばれた桂浜は、造船に適した砂浜が広がり、江戸時代には、宮島・厳島神社の管絃祭で御鳳輦《ごほうれん》（お神輿）を載せて船渡御《ふなとぎょ》を行う御座船《ござぶね》が製作されたが、この地に日本最古という西洋式ドックも設けられ、その跡が残っている。

造船の地としてだけでなく、安芸国は瀬戸内航路の要衝として重視された。遣唐使船や遣新羅使船は、倉橋島の南東端に位置する鹿老渡《かろうと》の沖合を航行し、長門の浦に寄港した。鹿老渡あるいは磯辺の辺りで停泊し、この地で風や潮を待ったと考えられる。天平八年（七三六）、遣新羅大使・阿倍継麻呂の一行が磯辺に停泊したが、そのとき詠まれた歌が『万葉集』に見える。

安芸国の長門島磯辺に船泊まりして作る歌五首

石走《いは》る　瀧もとどろに　鳴く蟬の　声をし聞けば　都し思ほゆ　（大石蓑麻呂）

山川の　清き川瀬に　遊べども　奈良の都は　忘れかねつも

磯の間ゆ　激《たぎ》つ山川　絶へずあらば　またも相見む　秋かたまけて
恋繁み　慰めかねて　ひぐらしの　鳴く島陰に　いほりするかも
我が命を　長門の島の　小松原　幾代を経てか　神さび渡る

（巻一五―三六一七～二一）

長門の浦より船出する夜に月の光を仰ぎ観て作る歌三首
月読《つくよみ》の　光を清み　夕なぎに　水手《かこ》の声呼び　浦回《うらみ》漕ぐかも
山のはに　月傾けば　いざりする　海人《あま》の燈火《ともしび》　沖になづさふ
我のみや　夜舟は漕ぐと　思へれば　沖辺《おきへ》の方に　梶の音すなり

（巻一五―三六二二～二四）

中世後期、桂浜のある本浦《ほうら》の地は、海賊衆として知られた倉橋多賀谷氏の拠点となり、この地から「倉橋船」と呼ばれた船舶を繰り出して、厳島神社の祭礼に訪れた記録が見える。現存する桂浜神社本殿（八幡宮・重要文化財）は文明一二年（一四八〇）に多賀谷氏によって建てられ、周防の守護大名・大内氏から賜りこの神社に奉納された『大般若経』が伝わるなど、往時の繁栄が偲ばれる。

江戸時代、倉橋島の鹿老渡は、関門海峡から上方に向かう回船の寄港地として栄えた。日向の木材を扱った豪商・宮林家の江戸末期に建てられた住宅が残るが、参勤交代を行う西国大名の本陣に供されることもあった。一方、李氏朝鮮から幕府に遣わされた朝鮮通信使がこの地に停泊し、宝暦一四年（一七六四）に記された正使の日記に、整備された町並みの様子がうかがわれる。

藤原広嗣と肥前・松浦郡の知識寺

天平一二年（七四〇）八月、大宰府の官人（大宰少弐《だざいのしょうに》）であった藤原広嗣は、時の政治を批判し、頻発する天災もそれが原因として、重用されていた僧正玄昉と下道（吉備）真備の排斥を求める上表を行った。翌月、広嗣は挙兵したが、即座に大将軍・大野東人《おおののあずまひと》以下の指揮官が任命され、東海道など五道から一万七〇〇〇の兵が召集された。

朝廷の軍勢は関門海峡を渡り、駐屯所である板櫃鎮《いたびつのちん》（現・福岡県北九州市）を制圧した。聖武天皇は大宰府管内の官人や百姓に勅を発し、広嗣に従う者でも改心して広嗣を討ち取ったならば位を授けるとして、翻意を促した。広嗣軍の兵一万騎と追討軍六〇〇〇人余りが板櫃川を挟んで対峙したが、広嗣軍から多くの投降者が出て混乱し、広嗣は弟・綱手らと西方に逃走する。

広嗣の一行は、肥前国松浦郡の値嘉島《ちかのしま》（五島列島の中の島）から船で耽羅島《たんらのしま》（現・韓国済州島）に渡ろうとしたが、直前で漂流し、逆風に押し戻されて五島列島の色都島《しこつしま》に着く。

広嗣は値嘉島の長野村で捕らえられ、松浦郡の郡家（郡司の役所）に連行され斬刑に処されたと見られる。その知らせは、反乱勃発時に平城京を出て東国行幸の途次にあった聖武天皇のもとに届けられた。

藤原広嗣は、藤原不比等の子である式家・宇合《うまかい》の子で、天平九年に宇合が薨去したのち、従兄弟の乙麻呂や永手とともに従五位下を与えられ、翌年、式部少輔に加えて大養徳国（大和国を当時このように表記した）の国守に任ぜられた。同年末に大宰少弐に転じたが、のちに、これは左遷であり、原因は広嗣が僧正玄昉と対立し、親族を誹謗して混乱させたためとされた。

当時、玄昉は光明皇后の庇護を受け、皇后宮の一角に設けられた隅寺に居していたことからすれば、広嗣が誹謗した親族というのは、叔母にあたる光明皇后で、左遷に値する所業とみなされたのかも知れない。いずれにせよ、挙兵時の聖武天皇の怒りはすさまじく、上記の勅で即座に斬殺せよと訴えている。

平城京から恭仁《くに》京・難波《なにわ》京へと都が転々とした後、天平一七年に平城京に還都する。この後、聖武天皇は重い病気にかかり、一時その生命が危ぶまれるまでに至った。平城宮や恭仁宮の守りが固められ、合わせて京・畿内の寺院や名山で薬師如来を本尊とする悔過《けか》が行われ、また賀茂社や松尾社に奉幣祈禱されるなど、頻発していた地震の恐怖と相まって、大変な混乱が生じたことが見て取られる。

このとき、かつて勅使として広嗣追討に発遣された阿倍虫麻呂が、豊前の宇佐八幡神社に遣わされ、幣帛が奉じられた。それまで西海道（九州）諸国の動乱や、新羅と緊張が生じたときなど、八幡神社への祈願は西国の案件に際してのものであった。何ゆえに聖武天皇の治病祈願として八幡神への奉幣が試みられたのか。あくまで推測の域を出ないものであるが、藤原広嗣の乱との関連性が想定される。

天平一七年一一月、玄昉が僧正の任を解かれ、観世音寺造営のために筑紫に遣わされた。天皇や皇后の厚い信任を受けていた玄昉が、突然筑紫に追いやられ、翌年にはこの地で卒去する。広嗣の霊に害せられたという。そして、玄昉が左遷されたころ、肥前国松浦郡に弥勒知識寺（神宮知識無怨寺）が建立され、僧二〇人が配されて水田二〇町が施入された。この寺院は広嗣の廟所近くに設けられた墓寺で、広嗣の慰霊を任務としたと受け取られる。もし、聖武天皇の重篤な病の原因が藤原広嗣の怨恨であると意識されたとすれば、これらの措置は納得のいくことになろう。

佐賀県唐津市の鏡神社・二ノ宮は、松浦廟宮と呼ばれた広嗣を祭神とする神社で、同市の大村神社は、やはり広嗣を祭神とし、境内にかつて無怨寺という寺院が所在した。弥勒知識寺はその神宮寺であったとみなされる。玄昉と並び広嗣から排斥を求められた吉備真備もまた、広嗣の「逆魂」により、天平勝宝二年（七五〇）に筑前に左遷されることになったという。

美濃の狐と尾張の怪力

薬師寺の僧・景戒《きょうかい》が著した日本最古の説話集『日本霊異記《にほんりょういき》』には、美濃国の狐にゆかりの人物と、尾張国の怪力の人物が登場する。

欽明天皇の時代に、妻を求めて出かけた美濃国大野郡（現・岐阜県揖斐郡大野町の辺り）の男が、美しい女性に出会い、尋ねると、その女性も配偶者となる男性を探しているという。そこで求婚して夫婦となり、一人の男子を儲けた。この頃、男が飼っていた犬も子犬を出産したが、その子犬が女性に馴染《なじ》まず、いつも歯をむいて吠え立てるので、女性は夫に子犬を始末するように頼んだ。夫が躊躇《ためら》って数ヶ月経過したところ、今度は親犬の方が女性に噛みつこうと追いかけ回した。すると女性は、狐に身を変じて逃れた。夫は妻の正体を目にし、どこへ去ろうともいつでもここに来て泊まればよい、と声を掛けた。

それ以後、狐は時折やって来てこの家に泊まったが、そのことから女性を「来つ寝」と呼び、また所生の男子も、岐都祢《きつね》と名づけられた。この子が成長すると、怪力の持ち主で、走るのも鳥が飛ぶように早かったという。

隣国・尾張の愛知郡（現・名古屋市の辺り）では、欽明天皇から皇位を継いだ敏達天皇の時代に、一人の農夫の前に雷が落ち、小児の姿になった。小児は農夫に子供を授けることを約束したが、そののち誕生した農夫の子供が一〇歳余りになったときに、大和の朝廷に強力《ごうりき》の王がいると聞き、力比べをしようと思い立って都に出かけた。そこで、強力の王と石の投げ比べを演じたところ、幾度挑んでも、強力の王はこの男子を打ち負かすことができなかった。

男子は元興寺（飛鳥寺）に入って童子となったが、この寺の鐘撞《かねつき》堂で毎晩人が死ぬので、童子はその犯人をやっつけようと待ち伏せした。深夜に犯人の鬼が現れると、童子は鬼の髪の毛を摑《つか》んで引きずり回し、鬼は頭皮を引き剝がされて這々《ほうほう》の体《てい》で逃げ去った。成長して優婆塞《うばそく》（得度前の修行者）となったが、元興寺と朝廷の王たちとの間に水争いが生じた際には、一〇〇人以上でやっと引けるような巨石を一人で持ち上げて水門を塞ぎ、王たちを屈服させたと伝える。優婆塞はやがて得度し、元興寺の怪力僧・道場法師として知られた。

この道場法師の孫にあたる女性が、聖武天皇の時代に、法師の郷里・尾張国の中島郡

（現・愛知県稲沢市の辺り）の郡司に嫁いでいたが、この孫娘もまた怪力の持ち主で、尾張国守に取り上げられた夫の衣を力尽くで取り戻したことから、かえって夫とその父母に疎まれ、離縁されてしまう。その後、川で洗濯をしていたときに通りがかった船頭に冷やかされると、五一〇〇人の力でも引き動かせないような船を独力で陸に引き上げ、船頭に謝罪させることになったといわれる。

美濃や尾張といえば、大和の朝廷と縁の深い地域で、皇族の生活を支える田地や農民が所在したことが認められる。天武元年（六七二）に生じた壬申の乱においても、大海人皇子の吉野方に加勢したのが、この地域の豪族に率いられた兵であった。そのような関係から、当地の逸話が大和でも語り継がれることになったのであろう。

西海道（九州）の朝鮮式山城

天智二年（六六三）、朝鮮半島南西部の白村江口で、有名な白村江の戦いが勃発する。斉明六年（六六〇）、新羅と結んだ唐の軍勢により百済の王城が陥落し、義慈《ぎじ》王は唐都・洛陽へと連行された。その後、百済の遺臣・鬼室福信らにより再興が目指され、支援の要請を受けた日本の朝廷は、百済王子の余豊璋《よほうしょう》を半島に送るとともに救援軍を派遣したが、日本の水軍は大敗を喫し、結果として半島からの撤退を余儀なくされるところとなる。

その後、崩御した斉明天皇に代わり皇太子として称制を行った中大兄皇子は、天智三年の末より、唐・新羅の軍が余勢を駆って日本に侵攻することを警戒し、防御の措置を講じた。対馬・壱岐・筑紫に防人《さきもり》と烽火《のろし》が置かれ、筑紫には水城《みずき》という長大な堤が設けられた。その遺構は現在も福岡県・大宰府政庁跡の西北に残存している。そして、翌四年には、百済から日本に渡来した官人を長門と筑紫に派遣して山城を築かせた。このとき、憶礼福留《おくらいふくる》と四比福夫《しひふくぶ》という百済人が築いた筑紫の山城が、大野城と椽城《きいじょう》（基肄城）である。

大野城は、大宰府政庁北方の四王寺山（大城山）に築かれた朝鮮式山城で、現在の福岡県太宰府市・大野城市・糟屋郡宇美町にまたがっている。標高四一〇メートルの四王寺山の山腹に、山頂を囲む形で土塁と石塁の城壁が巡る。馬蹄形の脊梁に築かれた城壁は全長八キロメートルに及び、南北両側は二重の土塁となっている。この城壁に城門と水門が配され、城門址は八箇所確認されている。約七〇棟の礎石式建物跡があり、中には倉庫と目されるものも含まれ、炭化した米や、古瓦・墨書土器などが出土した。

一方、椽城は、大野城と逆方向の大宰府政庁南方約八キロメートルの、背振山脈の基山に築かれた。現・佐賀県三養基《みやき》郡基山町と福岡県筑紫野市にまたがる。基山は四王寺山とほぼ等しく標高四〇四メートルの山で、延長五キロメートルの土塁が巡っている。四箇所の門址があり、最大規模の南門には約三〇メートルの石塁が築かれ、その下底部に通水孔が穿《うが》たれた部分もある。大野城と同様に三〇棟以上の礎石式建物があり、やはり炭化米が出土することから穀倉跡と考えられる。城の東南の山麓に二箇所の土塁が確認されており、交通路を遮断する意図をもって設けられた可能性が高い。

大野城と椽城は国の特別史跡に指定されているが、これ以外にも、同時期に築造された朝鮮式山城が西海道には多く見受けられる。現・熊本県山鹿市と菊池市にまたがる地に位置する肥後の鞠智城《きくち》（国史跡）では、台地上に約三・五キロメートルの城壁が築かれて城門・水門が配され、八角形の建物が設けられた。また、朝鮮半島に最も近い対馬には、天智六年に金田城（国特別史跡）が置かれた。現・長崎県対馬市美津島町黒瀬の城山に築かれた山城で、城門・水門のある城壁や掘立柱式建物跡が遺り、防人が配置された痕跡もうかがわれる。

朝鮮式山城は、瀬戸内海沿岸地域から畿内にかけて複数設けられ、烽火のリレーにより敵軍の来訪を即時朝廷に知らせるシステムが整えられた。『日本書紀』や『続日本紀』といった正史に見られるこれらの山城に加え、類似した構造を持ち、神籠石《こうごいし》と呼ばれた石垣の遺跡にも、史料に記載はないものの同類の防御施設とみなされるものが多い。その実態に、緊迫した対外危機意識を見て取ることができるが、このような意識が逆に国内の勢力の連帯を促し、中央集権体制すなわち律令体制の樹立を促進したことを見逃してはならない。

朝鮮半島と畿内の宮都を結ぶ交通の要衝に設けられたこれらの施設の多くは、唐や新羅との緊張関係が緩和するとその役割を終え、平安前期の段階までに廃されることになった。

飛騨国と両面宿儺《すくな》

『日本書紀』の仁徳天皇紀に、飛騨国の宿儺という人が登場する。一つの体に二つの顔面があり、四本ずつの手足で、力が強く俊敏な動きを見せた。左右の腰に剣を佩《は》き、四つの手に弓矢を持ち、朝廷の命に従わず、人びとを苦しめていたので、天皇は和珥《わに》臣の祖である難波根子武振熊《なにわねこたけふるくま》を遣わし、宿儺を討ち取らせたという。

両面宿儺として知られる鬼神について、飛騨から美濃にまたがる地域で、その伝承が多く伝わっている。『日本書紀』では悪人として描かれるのに対し、地元の伝承の中には、人びとを苦しめた毒を持つ龍を退治した英雄とするものもある。また、文豪・島崎藤村の父で国学者であった島崎正樹《まさき》が一時期宮司を務めた飛騨国一宮・水無《みなし》神社では、その奥宮である位山《くらいやま》の主とも伝わり、この位山が神体山で、宿儺が本来の祭神とする説も見える。

大和の朝廷に逆らって討伐されたことから、飛騨の地域を治めていた豪族を象徴したものと受け取る向きが強いが、一方で、この地域の古寺にも宿儺の姿が多く見受けられる。

水無神社の別当寺であった飛騨千光寺（高山市丹生川町）の縁起によれば、宿儺は岩窟の中から出現し、『法華経』、袈裟や千手観音像を掘りだして、この寺を開いたという。同寺には、六四体の円空仏《えんくうぶつ》の一つである両面宿儺坐像をはじめ、多くの宿儺像が伝わっている。また、同じく丹生川《にぶかわ》町の善久寺では、両面宿儺は十一面観音の化現と伝わり、十一面観音像とともに両面宿儺像が祀られている。

『日本書紀』に見られる宿儺の生存年代からすれば、仏教が日本に伝わる以前のこととなり矛盾が生じるが、古くから信仰の対象とされてきたことと相まって、各寺院を開いた当地の豪族が両面宿儺に置き換えられて伝わったのかも知れない。しかし、本来鬼神すなわち在来の神として畏敬の念を抱かれた宿儺が、寺院の開山と位置づけられた点には、観音の化現という伝承も含めて、早い段階から神と仏の融合がこの地域で進んでいた可能性がうかがわれる。

時代は下って朱鳥元年（六八六）、天武天皇崩御の直後に勃発した大津皇子の謀反という異変に際し、処罰された徒党の一人に、新羅僧・行心《こうじん》（幸甚）なる者がいた。この行心こそが、天文・卜筮《ぼくぜい》を解し、大津皇子に謀反を勧めたといわれ、極刑に処せられるべきところ、持統天皇の詔により飛騨の寺院に配されるに留まったという。ちなみに、その子息で、飛騨配流に同行したと思しき僧・隆観《りゅうかん》は、大宝二年（七〇二）、朝廷に献上することになった神馬《しんめ》を捕獲した功により免罪となり入京が許され、芸術と算術・暦学の知識に長けていたことから翌年還俗《げんぞく》させられ、金財《こんたから》と名乗った。

飛騨に配流という点では、道鏡配下の興福寺僧・基真《きしん》も同じ処分を受けている。天平神護二年（七六六）、隅寺の毘沙門像に舎利を出現させて道鏡の法王就任を導き、自身も法参議大律師となりながら、二年後の神護景雲二年（七六八）にその師である円興《えんこう》を侮辱したとして飛騨国にしりぞけられる。このように、問題のある僧の外配先として飛騨の地が選ばれたのは、この地域の宗教的環境と関連するように思われる。

越中より神通川（宮川・高原川）をさかのぼった飛騨は、北陸道の国々と密接な関係を持ち、その文化的影響を蒙ってきた。日本海を隔てて大陸・朝鮮半島に接する北陸道の日本海沿岸地域は、大陸や朝鮮半島の文化をいち早く受け入れる環境にあったことから、信仰の面でも、畿内に先駆けて仏教など外来の信仰が根づいた痕跡を持つ。その影響で、修行に適した山間部という地理的条件により、飛騨に宗教文化の繁栄が見られ、宿儺の性格にもそれが反映されたとみなされるのである。

嵯峨天皇・嘉智子皇后と伊予国神野郡

八世紀初頭、大宝律令が施行された頃、四国・伊予国の東部、現在の愛媛県新居浜市および西条市に該当する地に、六郷からなる神野郡という郡があった。その郡名は、天照大神の荒魂《あらたま》である伊曽乃神を祭る伊曽乃神社（現・西条市中野）が所在するなど、神の坐す地とされたことによる。

この地の出身と目される神野氏の女性を乳母の一人としたことから、延暦五年（七八六）に誕生した桓武天皇の皇子、すなわちのちの嵯峨天皇が諱を神野（賀美能）親王とされ、同じく乳母の大秦公浜刀自女《うづまさのきみのはまとじめ》が同一〇年に賀美能宿祢《すくね》の姓を賜るなど、神野の地名と嵯峨天皇との間には深い縁があった。そのため、大同四年（八〇九）に嵯峨天皇が即位すると、その諱を憚《はばか》って神野郡は新居《にいい》郡と改められた。

この神野郡（新居郡）の南西部に、四国を代表する霊山・石鎚山《いしづちやま》（標高一九八二メートル）が聳える。伝承では、七世紀中葉に、修験道《しゅげんどう》の祖である役小角《えんのおづぬ》が天河寺《てんがじ》という寺院を開いたという。八世紀中葉の天平年間、この地で修行する寂仙《じゃくせん》という禅師がいて、僧俗の尊崇を集め、「寂仙菩薩」と呼ばれていた。神野郡の一宮神社《いっくじんじゃ》（現・新居浜市）の宮司の子であった寂仙は上仙とも記され、石鎚山遥拝所の横峰寺《よこみねじ》を開いた石仙《しゃくぜん》（灼然）の門弟であったが、石鎚蔵王大権現《ざおうだいごんげん》と称え、師・石仙が石鎚山の麓に建てた常住舎を整備して前神寺《まえがみじ》を創建するなど、石鎚山を行場として発展させた。

『日本霊異記』によれば、石鎚山の山頂に止住した寂仙が天平宝字二年（七五八）の臨終の際に弟子に託した文書に、「二八年後に国王の子として生まれ、神野と名づけられる。それはこの寂仙の生まれ変わりである」と記したという。果たして、延暦五年（七八六）に、寂仙の遺言どおり神野親王が誕生することになる。

この嵯峨天皇の皇后となった橘《たちばなの》嘉智子《かちこ》についても、同様の伝承が見られる。神野郡の橘里に橘嫗《おうな》という一人で暮らす老女がおり、家産を傾けて寂仙に供養した。寂仙の逝去に際し、橘嫗は、「永らく寂仙の檀越であった我が身は、来世においても寂仙と同じ所に生まれ、親しく過ごしたい」と涙ながらに語り、程なく死去したという。まさに、この橘嫗の生まれ変わりが橘嘉智子で、嵯峨天皇の夫人になったと、彼女の崩伝に記されている。橘奈良麻呂の子・清友の娘として生まれた嘉智子は、手が膝より長く、髪が地に着くような容姿の女性で、神野親王の夫人となり、夫帝の即位後、仏の瓔珞《ようらく》（胸の飾り）を身につける夢を見て、皇后とされたという。熱心な仏教信仰者で、夫帝と住まいした嵯峨院の近隣に檀林寺を創建し、「檀林皇后」とも呼ばれた。多くの宝幡や繡文袈裟を造り、僧・恵萼《えがく》を唐に遣わせて、唐の高僧や仏教の聖地である五台山に施すなどしたが、このような仏教信仰の姿勢が、前世の橘嫗の所業と関連づけて語り継がれる。

嵯峨天皇についても、高僧が生まれ変わった聖君で、死刑とすべき罪を減じ、流罪として活かすなどしたと讃えられるが、その一方で、天下が干ばつや疫病、飢饉などで苦しんでいるときに、鷹や犬を飼って鳥猪鹿を獲っていたとして批判する向きもあったという。これに対し、『日本霊異記』の著者である景戒自身が、日本国内の物は全て天皇の物であり、批判するには当たらないと、多少無理を感じる理由で嵯峨天皇を弁護しているのは興味深い。

おわりに

一九九六年以来勤務している立命館大学には、三万人を超える学生が全国から集っているが、特に、その半数近くが関西以外の出身という、「全国区」の構成である点が、他の大学と異なる特色である。そのため、各都道府県に校友会が組織され、合わせて、現役学生の父母により組織される父母教育後援会が各都道府県に置かれ、毎年教職員が当地に赴き、懇談会や一日キャンパス（出前講義）が催されている。

入学式など何らかの機会に関西の地を訪れたこともあろうが、日常的には、父母が詳細に、異郷で子女が生活し勉学に励む状況をうかがい知ることは難しく、また限られた訪問の時間で、伝統ある関西の文化を堪能することは容易でない。そこで、キャンパス所在地ゆかりの歴史をネットで紹介してはどうか、と事務局より相談を受け、二〇一八年度より、びわこくさつキャンパス（ＢＫＣ）のある近江（滋賀）、衣笠キャンパスと朱雀キャンパスのある山城（京都）、大阪いばらきキャンパス（ＯＩＣ）のある摂津（大阪）の、古代を中心とする日本史四方山話《よもやま》を、「キャンパス三都の風土記」と銘打って、毎月父母教育後援会のホームページにて紹介していただくこととした。一都につき一年間、毎回読み切りの話題とし、年三回は、各家庭に送付する会報にも掲載された。計三十六話で、古代に都が所在した近江・山城・摂津のさまざまな話題を取り上げたのである。

当初は二〇二〇年度の「摂津の風土記」で完結する予定であったが、意外にも関心を持って読まれているご家族が多く、改めて要望を受け、二〇二一年度は、三つの府県に比べて遜色なく、多数の学生の出身地である周辺の諸地域について、また二〇二二年度は、少し離れた地域で、史上に畿内との関係を伝える話題を取り上げた。その時々に思いついた内容をしたためたので、一貫性に欠け、また一部重複する部分もあり、文字通りの「四方山話」となっているが、その分、気楽にお読みいただけたのではないかと思っている。ただ、改めて読み返すと、中には日常の悪い癖が出て、独りよがりの議論を展開した部分や、筆者の感想めいた部分もあり、配慮の不足に恥じ入るばかりである。

ともあれ、今次、一般の方々にも親しんでお読みいただけるように、すでに発表した五年間の日本史四方山話にいささか手を加え、一冊の本にまとめることになった。私事ながら、二〇二三年三月で勤務校の定年を迎えた、一つの区切りでもある。他愛ない話をきっかけに、より深く関心を抱いていただいたり、あるいは、是非機会を見つけて現地に赴き、その雰囲気を体感してみたいとお感じになっていただけるようであれば、筆者にとってこの上ない喜びとするところである。

このような機会をいただいた立命館大学父母教育後援会の皆様、とりわけ校友・父母課長の宗重信也氏と、出版元である株式会社法藏館社長の西村明高氏、同社編集長の戸城三千代氏、さらに、本書を担当いただいた編集部の丸山貴久氏に、深甚の謝意を表しておきたい。

本郷　真紹（ほんごう　まさつぐ）

1957年大阪市生まれ。1987年京都大学大学院博士課程学修退学。富山大学人文学部助教授、立命館大学文学部教授を歴任。現在、立命館大学特命教授。専門は日本古代史・宗教史。主な著書に、『白山信仰の源流―泰澄の生涯と古代仏教―』（法藏館、2001年）、『律令国家仏教の研究』（法藏館、2005年）、『考証 日本霊異記』上・中（監修、法藏館、2015年、2018年）がある。

よもやま歴史風土記
――琵琶湖水系三都と諸国の「問故知新」

二〇二四年四月二五日　初版第一刷発行

著　者　本郷真紹
発行者　西村明高
発行所　株式会社　法藏館
京都市下京区正面通烏丸東入
郵便番号　六〇〇-八一五三
電話　〇七五-三四三-〇〇三〇（編集）
〇七五-三四三-五六五六（営業）

装幀　濱崎実幸
印刷・製本　亜細亜印刷株式会社

ISBN 978-4-8318-6282-2 C0021